ふたごと教育

双生児研究から見える個性

東京大学教育学部附属中等教育学校［編］

東京大学出版会

Twins and Education
Edited by the Secondary School Attached to
the Faculty of Education, The University of Tokyo
University of Tokyo Press, 2013
ISBN 978-4-13-053085-9

はしがき

本書は東京大学教育学部附属中等教育学校のふたごの生徒たち、ふたごと教育、それに関する研究や研究の成果などについて記したものです。

本校は校名が示すように六年制の中等教育学校で、一年生が中学一年生、四年生が高校一年生、六年生が高校三年生に相当します。前半の三年間を前期課程、後半の三年間を後期課程と呼んでいます。中等教育学校ですので前期課程と後期課程の間に高校入試のようなものはありません。六年間を見通して余裕をもって学ぶことができます。本校への入学にあたって入学検査を受けます。本書では「前期課程」「後期課程」とともにこの「入学検査」あるいは「受検」といった表現が出てきます。入学検査では双生児枠が設けられていて、多くのふたごの生徒たちが本校で学んでいます。

本書は序章と三つの部から構成されています。序章では広く双生児研究と教育について記しました。第Ⅰ部はふたごの生徒たちの学校生活、卒業後の様子、保護者の方々からみたふたごの生徒たちについて三つの章で示しました。第Ⅱ部は双生児研究に関するもので、双生児研究の歴史、双生児の特徴と学力、双生児の身体の発育と発達について、同じく三つの章で論述しました。序章と第Ⅰ、第Ⅱ部は附属学校の教員が執筆しました。第Ⅲ部は、医学、脳科学、心理学のアプローチからの論考で、東京大学大学院の教員によるものです。また、東京大学で教育学部長、理事・副学長を務められた日体大総合研究

東京大学教育学部附属中等教育学校　校長
大桃敏行

所長の武藤芳照先生に「刊行に寄せて」を、本校の前校長で日本女子大学教授の今井康雄先生と本校の双生児特別検査実施委員会の委員で石川県立看護大学教授の大木秀一先生にコラムをご寄稿いただきました。

創立以来、本校は双生児研究を進めてきており、本書は三冊目の著書です。研究は継続していて、前作の『ビバ！ ツインズ　ふたごの親へのメッセージ』（東京書籍、一九九五年）の記述の一部を、本書でも活かした部分があります。序章にありますように、ふたごの子どもたちの存在は、「個」として一人ひとりの人間に向き合うことの大切さを教えてくれます。本書がふたごの教育・研究者だけでなく、広く教育に関わっている方々にお読みいただけることを願っております。

（おおもも・としゆき、東京大学教育学部附属中等教育学校長、東京大学大学院教育学研究科教授）

刊行に寄せて

武藤芳照

教育を表す英語「エデュケーション」は、ラテン語の「エデューケレ」（引き出す）と「エデュカーレ」（養い育てる）から由来するとされている。一人ひとりのもつさまざまな資質・才能・能力を引きだし、それを養い育てるのが、本来の教育である。

その教育に関わる総合的な実践的研究を担うのが、東京大学教育学部附属中等教育学校の大きな役割である。

本校は一九四八（昭和二三）年に創設され、六〇年余りの歴史を有するが、当初より双生児研究が行われてきた。一九五三（昭和二八）年度から、毎年度ほぼ二〇組の双生児を募集して教育に関わる実践的研究を継続するとともに、身体の発育・発達や学習と脳科学等の、専門的な学術研究をも推進してきた。

「血は争えない」「血は水よりも濃し」との言葉どおり、親子・兄弟・姉妹に共有・継承される遺伝的特質がある。その一方、「氏より育ち」とされるように、育てられ方や教育により人の資質・才能・能力を高めることができる。

こうした「遺伝と環境」の関わりを理解・把握したうえで、一人ひとりの生徒への教育内容・方法を工夫することが、学校現場で求められる。

本校には、双生児についての学力、心理、身体等の様々なデータが蓄積されており、東京大学教育学部をはじめ、東京大学の様々な学部・研究所と連携して、それらのデータの整理を行い、濱田純一総長より裁量経費を配分していただき、データベース化の作業が急速に進展し、これからの本格的な研究体制が基盤整備されつつある。

そうした時期に、本書は企画され、本校の双生児研究委員会のメンバーの教諭らの、多大な尽力により、編集作業が短期間に進められ、無事発刊に至ったことは、喜ばしいかぎりである。

東京大学教育学部や教養学部の研究者の方々にも執筆に協力していただき、学術的色彩を高めていただいた。双生児の学校現場での姿、卒業後の姿、家庭での姿が描かれるとともに、双生児研究の歴史と現在と未来への展望が示されている。

すでにこれまでに、本校は『双生児　五〇〇組の成長記録から』（日本放送出版協会、一九七八年）および『ビバ！　ツインズ　ふたごの親へのメッセージ』（東京書籍、一九九五年）を発刊しており、本書が双生児に関わる図書の第三作目となる。

本書が、双生児研究に関わる研究者ばかりでなく、広く教育や学習、家族、人間発達等の分野・領域に興味・関心を有する数多くの人々に愛読されることを切に願っている。

（むとう・よしてる、東京大学理事・副学長、前東京大学教育学部長　二〇一三年三月記）

ふたごと教育——双生児研究から見える個性　目次

第3章　双生児研究の二つの顔（遠藤利彦）――――――――――――197
――心理学からみる「双生児による研究」と「双生児の研究」

序　章　双生児研究と教育

こんなにも違うふたごたち

東大附属（正確には「東京大学教育学部附属中等教育学校」）には、たくさんのふたごが在学しています。ですから学校生活の中でも他の学校では見られないさまざまな出来事が起こります。

ある新任の女性教師は、次のような体験を語っています。

「私が東大附属に赴任した第一日目。期待と不安を抱きながら校門をくぐったとき、『おはようございます』と声をかけてくれた男子生徒がいました。なんて礼儀正しい学校なのだろうと、ひそかに思ったものです。始業式の挨拶が終わって廊下を歩いていると、その生徒が向こうから来るので、私はニコニコしながら見つめたのですが、知らん顔をされました。どうしてと思いながら校舎の二階へ上がると、今度はその生徒がニコニコしながら近寄ってきて、『こんにちは』とまた挨拶してくれました。絶対におかしい。狐に抓まれたような気がして、この学校はどうなっているのだろうと思ったものです。」

どの学校でも新年度の教師の最大の仕事は、生徒の名前と顔を覚えることです。授業やホームルームで生徒とのコミュニケーションを成立させるためには、名前と顔を一致させることがどうしても必要になるからです。クラス担任や教科担当が変わる新年度には、何百名もの生徒の名前を覚えなければならないこともあります。まして東大附属の先生たちは、各学年に十数組のふたごがいるのですから、その重要性は他の学校の比ではありません。ふたご同士の見分けができなければ、ふたごの一人一人に応じた対応ができないことになりかねないからです。多くの場合、一ヶ月を過ぎるころから生徒全員の名前と顔が一致してくるものですが、ふたご同士を一人一人一致して覚えるのは、なかなか大変です。東大附属では、ふたごは入学後に別々のクラスに分けられていますが、休み時間や総合的な学習の時間、部活動などでは一緒にいることが多いため、見分けがつかなくなることがよくあるのです。そのため、私たち東大附属の教師は髪型が違うとか、頬のホクロの位置や持ち物が違う等といった、外見上の違いによって判断をしたりしています。しかし、制服を着ている前期課程（中学校に相当）の一年生から三年生までのふたごを区別するのは容易ではありません。

ところが不思議なことに、ふたごたちのクラスメイトたちは決して二人を取り間違えたりすることはありません。生徒たちに「どうして間違えないのか」と質問すると、「全然、違うじゃない。どうしてわからないの?」と逆に聞き返されてしまうことがたびたびあるのです。しかし、教師にとってこのことはかなり難しいことで、「何となくわかる」というところまでいくにはかなりの時間が必要となります。それに対して、一日中一緒に学校生活を送っているクラスメイトたちは、一ヶ月も過ぎればまずふたごの二人を間違えることはなくなります。ときには、ふたりの外見的な違いがほとんどわからないほど遠くにいたとしても、それがふたごのうちのどちらなのかを見分けることさえできるようになるのです。というのは、生徒たちはそのふたごの子自身をそれぞれに「固有の存在」、つまり「個」として受け止めているからです。

私たちがふたごの個々の生徒を顔の特徴の違いや成績の良し悪しといった目立つ指標によって区別しているのに対して、生徒たちは外見的な類似を超えて、他の誰でもないユニークな「個」としてふたごのそれぞれを認知し、見分けています。このことに気づいたときに、教師である私たちには果たしてそれができているのだろうか、多くの生徒たちとかかわってきたとはいうものの、その一人一人の生徒を真にユニークな「個」として見ていたのだろうかと、改めて生徒に対する向き合い方を振り返らされたのでした。一卵性の場合はとくに外見的な特徴の違いがゼロに近いともいえる双生児にかかわるからこそ、生徒を一人の個人として認知するということの意味を逆に教わることができたのです。

ふたごの見分けは外見的な違いを手がかりにすればよいという、私たちにとって当たり前と思えていたことが、実は当たり前でないということに気づかせてくれたのがふたごの子どもたちの存在でした。そして、この「個」として一人の人間に向き合うことの大切さこそ、まさに、ふたごの子どもから教わる「教育の知」そのものであり、人を理解するということの最も基本的な原点でもあるといえるのです。

ふたご研究の進展

(1) 双生児研究の歩み

東大附属は、一九四七(昭和二二)年に双生児の調査・研究をすることを条件の一つとして、当時の文部省から東京大学の附属となることを認められました。その翌年からしばらくは、一般児学級と双生児学級(双生児のみの学級)が両方開設されていました。現在は、一般児との混合の学級で、双生児のみの学級は存在していませんが、創設以来、毎年二〇組(四〇人)以内の双生児と、約八〇人以上の非双生児(一般児といわれる)が入学し、これまでに九二四組の双生児たちが在籍してきました。

そして、中・高の一貫教育(現在は、中等教育学校)のもとでさまざまな実践や調査、ケーススタディなどを通した双生児研究がすすめられてきています。その中でも、「ふたごによる研究」つまり後で見る「双生児法」による研究活動は、双生児を通してわかる「遺伝と環境」のかかわりについて、一般教育により広く役立てようという、創設時からの考え方に基づいて行われてきています(これらの研究成果は『東大附属論集』の各号、『双生児』(日本放送出版協会、一九七八年)、『ビバ! ツインズ』(東京書籍、一九九五年)に収録されています)。

このように東大附属は、双生児を数多く入学させている世界でも珍しい、ほぼ唯一の学校といわれています。現在でも双生児研究委員会という校務分掌が存在しており、教育学、心理学、医学、発育・発達学などの専門分野の発展に大いに寄与しているのです。

（2）双生児研究の方向性

創立当初の頃は、ふたごの存在は社会的には非常に珍しがられるなど、いろいろな誤解もありました。『双生児　五〇〇組の成長記録から』（日本放送出版協会、一九七八年）によると、東大附属の新入生に入学後の感想文を書かせたところ、一九五〇年代にはふたごの生徒の多くが、「通学のとき、人が珍しそうに私たちを見る」という記述をしています。しかし、一九六〇年を過ぎたころになると、そのような文章を書く生徒がほとんどいなくなり、ふたごに対する偏見が取り除かれていった、という指摘があります。

現在の日本では、さまざまな分野で第一人者として活躍している人がふたごであるというケースも多く見受けられます。日本が近代化、民主化され、古い封建的な制度や慣習がなくなっていくにつれ、ふたごが伸び伸びと育つ環境が整えられ、ふたごに対するイメージも大きく変わってきているといえるでしょう。

ふたごのイメージが変わった理由の一つとして、ふたごという存在に対する関心が高まり、その科学的な研究が深まってきた点も見逃せません。ふたごの研究は、現在ではさまざまな分野に及んでいます。それは、医学、遺伝学、人類学、公衆衛生学、心理学、発育・発達学、教育学などの多くの分野に貴重なデータを提供し、研究の発展に寄与しています。このように広範囲に及ぶふたごの研究は、研究方法の視点から見ると、大きく二つに分けることができます。

一つめは、〝ふたご〟そのものを研究対象として、卵性診断（後述）を含めたふたごの身体的・心理的側面など、ふたごのもつさまざまな特徴や、彼らの経験しうる特殊な状況を把握する「双生児研究（双生児の研究）」です。この研究の基礎となるのは、一卵性か二卵性かを判断する正しい卵性診断であり、その正確性が重要となります。また、この他にも出産後、二人はどのようにして成長していくのか、それは一般の子どもたちとどのように異なっているのか、といった研究などがあります。しかし、これらの研究は、ふたごの基礎的な資料が十分とはいえず、明らかになっていないことがまだまだあるというのが実状のようです。東大附属の研究は、ふたごを取り巻く環境の実際を知りえた中での縦断的研究として、ふたごの生活・行動・人間関係・意識・主観性などに直に向き合い、ときには働きかけることができるため、非常に価値があるといえます。

二つめの研究は、「双生児法による研究」であり、個人の遺伝的資質に適合したより良い自己実現を支える教育システムの設計にどのような可能性があるかを模索するための基礎情報を提供する研究です。いわゆる遺伝と環境の問題を追究し、その結果を広く応用しようという「ふたごによる研究」といわれるものです。

たとえば、同じように育てられたふたごの間に、何らかの相違が見られたとします。すると、一卵性のふたごの場合には、もともと遺伝子が同じですから、その差は出生後の環境のちょっとした違いによるものと考えられます。それに対して、二卵性のふたごの場合には、遺伝と環境の二つの要因によるものと考えられますから、同じような傾向を示す一卵性のふたごと比較して、より詳細な遺伝的要因と環境的要因の影響について考察することが必要となります。このような方法によって、より一般的な結論を導こうとするのが双生児法です。また特殊な例として、生後間もなくから別れて成長した一卵性のふたごについて、発育過程を検討するものもあります。

しかし、実際には人間の成長には、いろいろな複雑な要因がかかわっているため、そう簡単に結論を出すことができません。しかもどれが遺伝的要因か、どれが家族の影響などの共有環境要因か、また一人一人が別々に影響を受けている非共有環境要因かを単純に数値化することはかなり難しいことといえます。

このような研究を推進するためには、より多くの調査対象と長い研究期間を要します。そして、その粘り強い研究の成果として一つの仮説が導き出され、その仮説が人間一般のより望ましい成長を探る端緒となると思われます。そのようにして、東大附属のふたご研究が広く教育一般に何かしらのメッセージを投げかけられることを願って、東大附属では日々の双生児研究に取り組んでいます。これらの研究については第Ⅱ部の各章をごらん下さい。

遺伝と環境のかかわり

人の得意不得意や性格など、私たちの個性はいったい何によって決められているのでしょうか。生まれたときからもっている遺伝要因でしょうか。それとも自分を取り巻く環境要因でしょうか。個性は、遺伝と深いかかわりがあるといわれますが、それだけではなく、遺伝子と環境が密接に連携しあってつくられます。この二つの要素が個性にどのように影響しているのか、実際にふたごたちの学校生活に照らし合わせて見ていきたいと思います。

(1) 入学後の二人の関係

それぞれ希望を抱いて入学したふたごの二人は、前期課程(中学に相当)・後期課程(高校に相当)の六ヶ年間、どのような学校生活を送って、新しい生活にどのように対応して成長していくのでしょうか。前期課程では、クラス別の行動や部活動の時間が小学生のころより増え、ふたごだけの時間をもつことがそれ以前よりは少なくなります。

学校内でのふたごの行動をそれとなく観察していると、いろいろなタイプがあることに気づきます。休み時間になるといつも二人で過ごし、登下校もずっと一緒というふたご。このタイプは、話題も趣味も同じで、試験勉強のときもお互いに教えあい、二人の間があまりに密接過ぎてなかなか関係が広がらないということになります。

また、ふたごの一人は自由時間や学校行事などのとき、積極的に他の生徒の中に入っていくのですが、もう一人は消極的でなかなか友だちとなじめず、いつも片方を追いかけ、そのそばを離れないようなタイプも見受けられます。この場合、ふたごの一方の依存性が強く、二人の行動がより対照的になります。

さらに、二人がそれぞれ互いに意識することなく、自分自身の好きなように生きていくタイプもあります。このタイプは所属するクラブも異なり、趣味も友だちも違うことが多いので、それぞれの生活が全く別々のものになります。

ふたご同士が、互いに相手を意識して、成績などいろいろな場面で対抗しあうようなタイプもあります。対抗して張り合う場合、たいていはどちらかが、その事柄に対して優位となります。ふたごの一方がいろいろな面ですべてに優位に立つと、もう一人は常にコンプレックスをもつようになります。その関係が六年間続くこともあれば、何かをきっかけにして逆転することもあります。

このように入学後の学校生活におけるふたごの関係には、いろいろなタイプがありますが、男子だから、女子だからという性差の特徴からくるものではないようです。一緒に登校してくるのは女子のほうが多いように思われがちですが、男子でも女子でもわりあいおとなしいタイプのふたごたちが、ふたごであることの意識も非常に強いようで、女の子と限らず男の子でも一緒に登校してくるふたごがいます。ですから、二人のふたごであることの意識は男女差によるものというよりも、お互いの意識の強さの差と思えます。

ふたご全体としては、発育・発達の成長段階でそれぞれの時期によって、ふたご意識は弱くなったり強くなったりとその距離の近さは異なりますが、全般的に二人は仲が良く、学習でも学校生活でも助け合うことが多いようです。

（2）二人の性格と個性

六年間続けて生徒を指導していると、前期課程のときと違って後期課程になってずいぶん積極的になったとか、逆にどこか暗い感じになってしまったなどと感じる子どもたちが見受けられます。また、卒業後しばらくたって、学校を訪れる卒業生の様子や性格ががらりと変わってしまっていることに驚かされることもあります。

前期から後期課程に性格が変化した場合には、まだ性格形成の過渡期であったとも考えられますが、一部の生徒の場合、単に環境が変わると性格や個性に変化の見られることもあります。たとえば、三年生のときに行われるクラス替えで、それまで無口だった生徒が非常ににぎやかで活発なクラスの一員になったら、おしゃべり好きで明るい性格に変わるなどということがあるわけです。しかし、ふたごの場合には、環境の変化ということだけでなく、ふたご同士の関係が影響してそれぞれの性格や個性に変化が現れるということが起こります。妹に比べてどちらかというとおとなしくて引っ込み思案だったふたごの姉が、妹へのライバル意識が生まれてきたのか四年生になって、思い切って生徒会の役員をかってでて、これがきっかけとなって妹には負けないくらい明るく積極的になったというような例があるのです。

また、ある男の子のふたごは、二人とも同じバスケット部に所属していて、毎日体育館でボールを追いかけては、下校後も公園でパスやシュートなどの技術練習を行っていました。その二人の部活内での関係は、弟のほうが明るく行動的な性格だったためか、ポジション的にも目立つ存在で試合でもスター的存在でした。それに比べ兄のほうは、大変優しい性格で、自分が前に出るというよりも友だちを優先させるというタイプでしたので、堅実なプレーはするけれど、あまりギャンブルはしないといったプレースタイルでした。ところが、ある公式試合で、兄のほうがロングシュートをいきなり決めた瞬間、何かが吹っ切れたのか、そのとき以来自分の思っていることをはっきり述べるようになりました。それ以降、兄のほうもリーダー性を発揮し、五年生では部長を務めることになったほどです。それに対し、それまでチームの中心的存在だった弟はどう思っているのかと聞いてみたところ、「あいつを一番理解できているのは僕だと思う。いろいろ思うところはあるけれど、あいつをサポートして助けていこうと思う」と。

これらの例は、もともと自分の中で眠っていた遺伝的素質が、さまざまな環境の変化や影響にさらされて呼び起こされると同時に、自らの働きかけもあって性格や個性の変化という形で現れてきたものといえます。

このようなふたごの性格や個性の変化からどのようなことがわかるのでしょうか。一卵性のふたごの性格や個性は、遺伝的に同じ要素をもつ二人ですから、性格や個性を形成していくうえで基礎となる因子も同じようにもっていると考えられます。それが異なる個性や性格となるのは、環境から学ぶことがらや自分自身の働きかけの違いによって、性格や個性を決定する因子の働きに違いが出てくるようになるためなのではないでしょうか。つまり、同じ遺伝子をもちながらも発現する因子の違いによって、二人の性格や個性に違いが生じてくるのだと考えられるわけです。

このように考えると、一人の人間が伸ばせる性格や個性の範囲は、私たちが考えている以上に幅が広いといえそうです。表面的には発現していない因子をひそかにもっているとすれば、今現れている性格だけが自分の性格であると決めつけることはできないといえるからです。また、性格や個性は年齢が進むにつれて確立されていくものですが、それは決して固定した変わらないものではなく、環境の変化によって変わることもあれば、自分の意志で、作ったり作り変えたりしていくことができるものなのではないかとさえいえるのではないでしょうか。

このように、ふたごたちの性格の変化について見つめることで、私たち人間全体の個性や性格についての理解を深めることができるのです。

(3) 二人の成績

ふたごの成績にもさまざまなパターンがあります。東大附属では、すべての生徒について、国語、社会、数学、理科、英語の五教科の定期テストの素点から偏差値を求め、その平均値を総合平均値と呼び、入学時からの五教科の各偏差値と総合偏差値をグラフにして、一人一人の成績の変動を見ています。ふたごの場合は一枚のグラフ用紙に比較ができるように記入し、二人の成績がどのように変化していくかを見ていきます。このときの二人の成績の差を対差（二人の差）と呼んでいます。

このようにグラフに表した場合、一卵性のふたごの成績は、①平行（対差一定）型、②対差変動型、③一致（対差微小）型、④逆転型、⑤対差縮小型の五つに分類することができます（なぜか対差拡大はほとんどありません）。図1は、この五つの典型的なパターンを表しています。

平行（対差一定）型は、何かの理由でついた差を消化できず、成績が下位の者が諦めてしまったパターンです。対差変動型は、二人とも勝ち気ではありますが、気持ちの面で起伏が多いような場合に起こるパターンです。一致（対差微小）型は、比較的仲が良く、お互いを認め合い、励ましあっているふたごに多く見られるパターンです。逆転型は、何かの理由で一方だけに勉強にやる気が出たり途中で諦めてしまったりした場合によく見られるパターンです。対差縮小型は、成績が下位の者が強いライバル意識を持ち続けている場合によく見られるパターンです。このように、ふたごの成績の関係は、二人の性格と関係（距離）などにより、実にさまざまなのです。

ふたごたちは、身近なライバルをもった宿命として、つねに二人の成績や記録をセットで比較されながら周囲の人に見られています。本人たちにとってそれは辛いことかもしれません。しかし、その意識

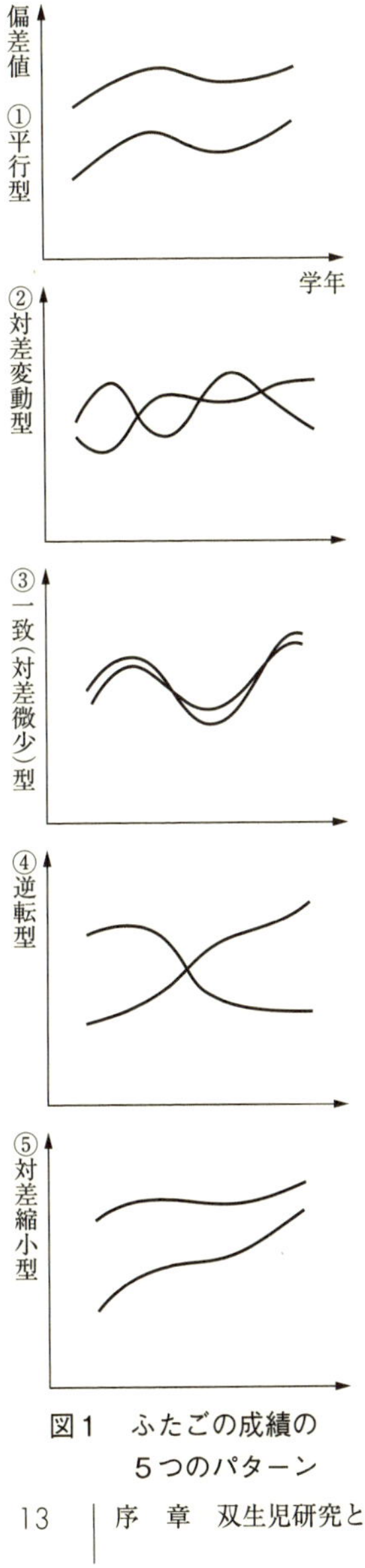

図1　ふたごの成績の5つのパターン

を良いほうへ向けて、互いに切磋琢磨しあえば、特に一致（対差微小）型のふたごの成績は伸びていきます。その一方で、二人の間に差があるとどうしてもその差を意識してしまって、成績の悪いほうはコンプレックスをもつようになりがちです。したがって、二人の成績に差が出てきたときなど、とがめたり励ましたりすることが一概に良いとは限りません。親や教師にはそのつもりがなくても、本人が比べられたと感じてしまう場合もあったりするので対応が難しいのです。そのような誤解を生じさせないためにも、つね日ごろから一人一人をきちんと認めていくという親子関係、教師・生徒関係を築いていくことが大切であり必要であるといえます。

（4）教育の可能性

東大附属がふたごの教育に携わってから六〇年以上になろうとしていますが、まだまだ未知の分野がたくさんあります。ここで教師として毎日ふたごの子どもたちに接していながら、本当に似ていると思いながらも、しかしよく観察するとその顔には明らかに違う何らかの特徴があることに思い至り、性格もまたそれに通じるものであることを改めて認識させられます。確かに一般の生徒と比べると、ふたごは外見上や考えていることなどはそっくりといえますが、しかし、ふたご同士で見てみると全くといっていいほど異なった個性と人格があるのです。それは、ふたごの子それぞれが、外見上の特徴だけからは窺えない、相手には持ちえない、真のユニークさをもっているということです。

この真のユニークな個性をつくり上げているのは、もとからもっている遺伝の影響とともに環境の影響であるといえます。どんな環境に身を置くかで、どんな力を発揮するかが異なってくるというのは誰もが納得することでしょう。

しかし、この環境の影響は、同じ環境にいるからといって誰にでも同じような効果をもたらすものではなく、その人のもつ遺伝的要素によって現れ方が異なるといわれています。同じ環境に身を置いても、その環境からどのように影響されるかは、どのような遺伝的特質をもっているかによって異なるわけです。その意味でも遺伝と環境は決して切りはなして考えることができないものだといえます。

したがって、人間は同じ遺伝的素質をもっていたとしてもどのような環境に身を置くかによって受ける影響は異なってくるものであり、逆に一人一人異なる遺伝的要素をもっているからこそ、環境から受ける影響が異なるものとなるのだといえるでしょう。その環境と遺伝とのかかわり方がその人の性格や個性を特徴づけているといえるのです。

この遺伝と環境の関係をこれまで述べてきたふたごの性格や個性ということに当てはめてみると、遺伝子が同じ一卵性のふたごでは、すでに遺伝子レベルでほとんどのことが決まっていながらも、ほんの少しのさまざまな学習や体験といった環境の変化がその子の物事の考え方や行動のあり方に影響を与え、それが一人一人の真のユニークな個性をつくり出しているといえるのです。

そう考えると、私たち教師や親がどのような教育を行うかで、すでにとても近いかあるいは同じ遺伝子をもつふたごの間のすべての可能性の幅の中でその子どものもちうる「個」の可能性を最大限に引き上げることができるのではないかといえそうです。それを一般の教育に置き換えていうならば、双生児研究から学ぶその目をもって一般の生徒たち一人一人の個性を「見て、見つめて、見極めて」その可能性を探ることにより、その生徒自身の特性を引き伸ばすことが可能となり、自立した一人の個の人間として成長をさせることへとつながるのではないでしょうか。

東大附属の教育は、ふたごに対して無理に同じことを期待したり、押しつけたりすることはありません。なぜならば、二人は違っていて当たり前であり、二人のその違いをそのままの違いとして受け入れ認めているからです。つまり、それぞれの個性を伸ばしていけるよう見守り支援していくことが大切であると私たちは考えているからです。また、そうすることによって、必ず二人は、それぞれの生き方や個性を自ら発見し、充実した生活を、ふたごであっても、一人一人の人間として送ることができると、私たちは信じているのです。それがたとえ、ふたごであっても、ふたごでなかったとしても、教育本来の意味と価値、そして役割でもあるといえるのではないでしょうか。

I

附属学校の双生児たち

ここでは東大附属という学校におけるふたごたちの実際をさまざまな観点からご紹介します。第1章では、実際の学校生活の中で見られるふたごたちのさまざまな姿を取り上げます。第2章では卒業したふたごたちに東大附属での生活を振り返ってもらったインタビューをまとめました。第3章では保護者に対するアンケートからみえてきた親のふたごへのまなざしについてまとめました。

第1章　学校の中での双生児たち

東大附属の教員をしていると、学校外の方から「ふたごは似ていますか?」と聞かれることがよくあります。そういうとき、「似ていますよ」と答えることもあれば、「それほど似ていません」と答えることもあります。「似ています」と答えると、たいていの人は満足そうに納得されるようです。しかし、逆に「そんなに似ていないですよ」と答えると、少し不満そうな顔をされたり、意外そうな顔をされたりすることがあります。あまりふたごに接したことのない人にとっては、「ふたごというのはそっくりなもの」というイメージが定着しているからなのでしょう。

実は、「ふたごが似ているか」と聞かれて、「似ている」と答えたり、「それほど似ているわけではない」と答えたりするのは、どちらも嘘ではありません。

「似ている」という答えについては、特に一卵性双生児の場合、遺伝子が同じなのですから外見的に似ているのは当然なので、どなたも納得してくださることでしょう。

しかし、「似ていない」という答えも嘘ではないのです。たくさんのふたごがいる東大附属では、「ふたごであること」は特に珍しいことではありません。そして、私たち教員にとっては、ふたごであってもなくても、それぞれの生徒が一人一人別の人間であるということに変わりはないと思っています。そのような姿勢で接していると、ふたごの一人一人の違いがはっきりと見えてきて、「似ている」どころか「違う」人間だと感じることの方が多くなるのです。それは、一卵性双生児でも二卵性双生児でも一般児でも同じであるといえます。

もしかすると、私たちはふたごであるからこそ「一人一人の個性」を無意識に探しだそうとしているだけなのかもしれません。しかし、一卵性双生児であっても年齢が高くなるにつれてそれぞれの違いが顕著になることは事実です。これは、遺伝的には全く同じであっても、環境によって異なる個性が形成されていくということから考えれば当然のことともいえます。そのため、「ふたごは似ている」というのも「ふたごは似ていない」というのも、どちらも本当のことだといえるわけです。

また、「ふたごは普通の人とは違いますか?」と聞かれることもあります。ふたごに出会ったことのない人にとっては、ふたごであることにある種の神秘性を感じることもあるようです。

では、具体的にふたごたちはどんなところが似ていて、どんなところが似ていないのでしょうか。また、ふたごとは本当に一般児と異なる不思議な存在であるといえるのでしょうか。この章では、東大附属のふたごたちの日常の姿を紹介しつつ、これらの問いに改めて答えてみたいと思います。そうすることで、「ふたご」についての理解を深めていただくとともに、人間の「個性」とは何かということを理解するヒントとしていただけるのではないでしょうか。「遺伝」に縛られつつも「遺伝」の制約を超えて育まれていくもの、それこそが人間の「個性」であるということを、ふたごたちの姿から改めて教えられる気がするのです。

シンクロするふたご

漫画やSFなどの中で、離れたところにいるふたご同士が「テレパシー」でコミュニケーションをとるなどといったエピソードを見かけることがあります。「ふたご」について過度に神秘的なイメージを抱く方は、このようなことが本当にあると思っているのかもしれません。しかし、多くの方は「こんな話は非科学的でとても合理的には説明ができない、空想の中だけの話だ」とお考えになっていることと思います。

実は、ふたごについてのこのような「不思議さ」には全く根拠がないわけでもなさそうなのです。さすがに漫画やSFのようなことはないのですが、毎日多くのふたごたちと接している中では、科学を超えた不思議なつながりを感ぜざるを得ないようなこともあります。

たとえば、ふたごのうちの一方が、腹痛と吐き気を訴えて保健室に来て、一時間休養をしていったら、ほどなくして他方が同じく気持ち悪いと訴えてくるといったことが実際にあります。ふたごの保護者から同じような話をよく聞くので、実は、偶然とはいえないくらいの頻度でこうしたケースがあるようです。

また、あるふたごの姉妹の一方が、卒業してすぐに血液のがんになったことがあるのですが、幸いにも治療に成功して一段落を迎えたところ、もう一方が同じがんを発症してしまったということもありました。この二人は、性格も精神力の強さも違っており、まさか同じような時期に揃ってがんになるとは思いもよらなかっただけに、二人目の発病を聞いたときは本当に強い衝撃を受けました。その後、二人目も元気になったので、治療の成功という点でも同じ道をたどったといえると思います。

このようなケースでは、同じ家に暮らし、同じものを食べているからということや、一卵性であれば身体のつくりが非常に似ているため弱い部分が同じであるということから説明がつくのかもしれません。

しかし、病気ではなくけがの場合はどうでしょうか。あるふたごは、異なる部活に所属していたのですが、「昨日の部活で足をぶつけて痛めた」と同じ部位を示したことがあります。また、やはり別の部活動に所属しているふたごが、同じ日の部活動中に時間を置かずに揃って「右手首をひねった」と来室し、本人たちも不思議がって顔を見合わせたということもありました。

もちろん、すべてのふたごにこのようなことが起こるわけではありません。しかし、別の場所にいても身体の調子がシンクロしていたり、同じときに同じけがをすることがあったりするという、常識では信じられないようなことがふたごには本当によくあるのです。

やっぱり似ている?

ふたご同士の間ではこのように身体的に通じあうものがあるだけではありません。同じようなタイミングで同じようなことを考えていると思われることもあります。たとえば、定期試験の際に、質問があるかどうか見回りに行くと、別々の教室で受験しているふたごが全く同じ質問をする、ということがよくあります。同じような質問を、同じような表情で聞かれると、不思議な気持ちになるものです。また、行動パターンが非常に似ているという例もみられます。特に、実技を伴う教科ではそうしたふたご同士の類似性が非常によくわかるようです。そうした事例をいくつかみていく中で、遺伝要因がどういう点に強く表れそうなのかを考えてみたいと思います。

まず、家庭科の授業の場合をみてみましょう。

一卵性双生児では、実習の技術面で同等の技量をもつ場合が多くあります。授業で家事労働の経験について聞いてみると、家庭での生活体験がほぼ同じであることがよくあるので、それが調理実習や縫製技術の技量の等しさの原因になっているのかもしれません。しかし、それでは説明のつかないこともあります。実習時の思考回路や行動パターンが似ていることが多いのです。

六年生の選択授業の「生活文化」では、ふたごが二人とも選択して同じクラスで授業を受けることがありますが、二人揃っているとその類似性がはっきりとわかります。たとえば、調理実習では別々の班に所属しているふたごが、いずれも班の中で同じような行動をとっていることがよくあります。二人とも包丁には手を出さず傍観者のようにみているだけで、他の班員に指示を出されて動くとか、二人ともまわりに指示を出しながら積極的に作業をするとかいった具合です。班の中での人間関係などで、思うように行動できるかどうかに多少の違いはあるようですが、同時に作業している様子をみていると、ふたご同士の基本的な行動パターンが似ていることがよくわかります。

こうしたことがよくあるので、ふたご同士のクラスが別々の場合には、先に授業を行った方の実習時の動きをみておくと、あとから授業を受ける方には予測される事故や苦手とする作業に対してあらかじめ注意をすることもできます。

また、デパートのように包装したり祝儀袋を作る実習の場合にも、一卵性双生児では、粘り強くていねいにきれいに作業ができる、出来をあまり気にせず適当な折り方をするなどといった具合に折り方の傾向が似ているので、非常に似た結果になることが多くあります。二卵性双生児では、結果に違いがあることが多いので、子どものころから同じ生活体験を積んでいたとしても、意識の差や生まれながらの得手・不得手が影響して、技術の習熟度に違いが出るのではないかと思われます。このようなところには遺伝の働きが垣間見えるといえそうです。

美術の場合にもやはりその作品に遺伝の働きを感じさせられることがあります。

たとえば、「絵画制作」を取り上げてみましょう。「絵画制作」は、観察力、感性、想像力、さらには多様な表現方法や造形要素を取り入れて創意工夫する姿勢などといった多くの要素が複雑に絡みあった活動です。そのため、作品が似ているからといってどんな能力に遺伝の働きが強く出ているのかを簡単に結論づけるわけにはいきません。しかし、「絵画制作」では、二卵性双生児よりも一卵性双生児の方がよく似た絵を描くことが多いようです。作品をみてみると特に、「明度」と「彩度」の類似性が高いといいます。それに対し、成長過程を経るにつれてその差異が大きくなると思われる要素としては、色彩感覚のうちの色相や対象が挙げられます。

ふたごの間では、幼いころには同じ色を好み、全く同じような色使いで絵を描くことも珍しくありませんが、どんな色（色相）を使って絵を描くか、あるいはどういう対象を選んで描くかといったことは、成長とともにそれぞれ異なっていきます。しかし、色の明るさである「明度」や、くっきりとした鮮明な色か淡い色かといった「彩度」については、特に一卵性のふたごの場合には成長した後でも一致することが多いのです。

具体的な作品をみてみましょう。二七ページの写真をご覧下さい。写真①から④は、「人間をテーマにした絵を描きなさい」という指示で書かれた絵です。絵を描いたのは、いずれも四年生の一卵性の女子のふたごです。写真ではわかりづらいのですが①②は、くっきりと鮮明な色使いで描かれているのがわかります。①では人物に立体感があり、②の人物は平面的で人物の数も①は一人、②は二人という違いがありますが、背景はどちらも濃い黒で塗られています。そして、人物の輪郭が非常にくっきりと描かれているのが印象的です。それに対して、③④は、どちらも全体に淡い色調で描かれており、背景に用いられているグレーの色調の明度や彩度がそっくりなのがわかります。この二組のふたごの作品を比べるだけでも、①②の絵と③④の絵のふたご同士の間での類似性が極めて高いことがおわかりいただけると思います。

この類似性が、生活環境が同じであることの結果なのか、それとも遺伝によるものなのかは安易に断定できません。しかし、二卵性のふたごではこれほど類似することは多くはないことから、遺伝要因が多く関係しているのではないかと考えられるのです。

たとえば、同じ四年生の二卵性の女子のふたごの作品の⑤⑥（二八ページ）と比べてみるとそれがわかるでしょう（作品⑤～⑧の色合いは、本書のカバーおりかえしの写真をごらん下さい）。この絵は、「写真を下書きにして色をつけた絵を描きなさい」という指示の下に書かれました。この二人の絵は、一見すると背景の彩度や明度が似ているので全くの他人に比べるとこの二人の作品も類似性が高いことがおわかりいただけると思います。しかし、⑤の作品は、人物がくっきりと描かれており、ビビットな色使いをしているのに対し、⑥の方は人物の明度や彩度は⑤のように鮮やかではありません。このように、二卵性のふたごの場合には、二人の間で明度や彩度に違いの現れることが多いのです。

同じ指示で描かれた一卵性のふたごの作品である⑦⑧の絵と比較してみると、その類似度の違いがよくわかると思います。⑦⑧はいずれも淡い色調で描かれており、クレパスの用い方にも類似性が感じられます。猫や足あとといったモチーフまで同じなのは偶然とは思えないほどです。

これらの作品は、お互いにふたごの相手とは全く異なる時間に美術室の中でそれぞれが思い思いに描いたものです。それにもかかわらず、一卵性のふたご同士の作品でこれほど絵の明度や彩度に類似性が高く表れることを考えると、やはりそこに遺伝の影響が現れているといえるのではないでしょうか。

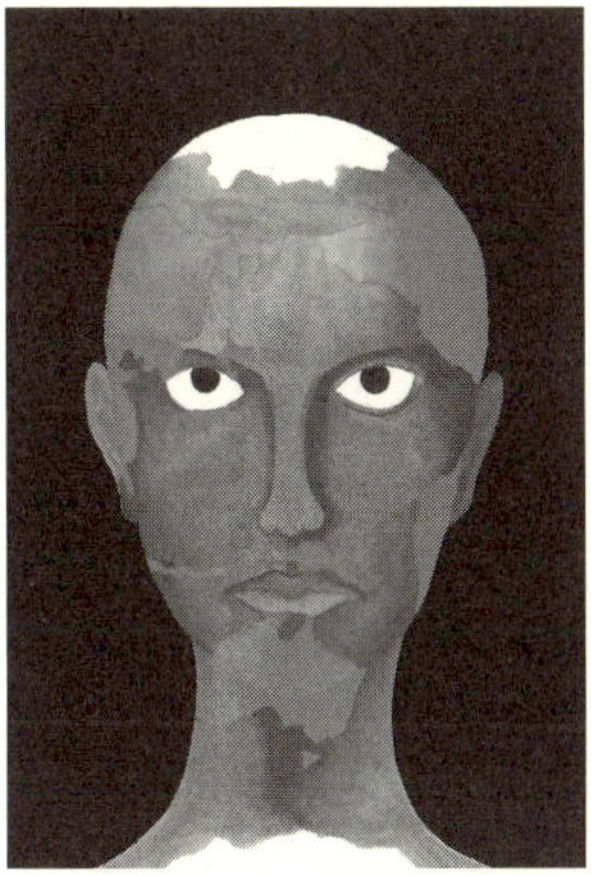
①

②

③

④

⑤

⑥

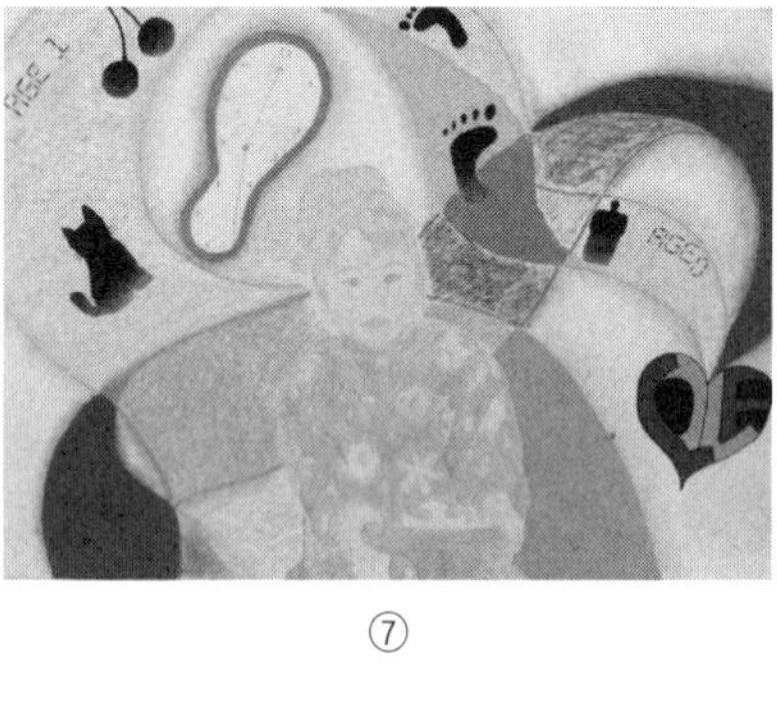

⑦

⑧

遺伝要因、環境要因双方の影響を受ける「認知能力」については、一部の一卵性双生児においてそのきょうだい間に顕著な不一致が認められ、それは認知能力に関する遺伝子の発現量の相異によるものと考えられるという研究があります。遺伝子の発現量の相違は、環境の影響によるものと思われますから、こうした研究を参考にしてみると、「絵画制作」における明度と彩度の類似性の高さは環境の影響を受けにくいものと推察され、色相と対象には環境の影響が強く出るものと推察されます。

現段階では多くの標本を集めて統計をとったわけではないので、このようなことを断言することはできませんが、今後、絵画作品のデータを蓄積することによって、絵画における表現力と遺伝要因・環境要因との関係や、ふたごたちの心理的発達過程を考える資料とすることができるかもしれません。

では、実技教科でなく、いわゆる「五教科」ではどうでしょうか。実は、五教科の授業でも、ふたごの類似性の高さを感じさせられる事例があります。

五年生のある英語の授業で、ファーストフードを一つ取り上げて数分間のスピーチをしてみようというグループ活動をしたときのことです。別々のクラスで授業を行っているにもかかわらず、ある一組のふたごには類似性を感じさせられることがありました。

まずはじめに、例文を読んだ後で「題材の候補を思い浮かべてみよう」という課題への解答のしかたが挙げられます。一卵性双生児の解答を比べてみたところ、具体例の数や解答欄の使い方などの書式が非常によく似ているという傾向がみられました。それに対してどんなファーストフードを挙げたかといった具体的な事例に類似性はみられませんでした。

その次の、「選んだ理由をいくつか挙げてみよう」という課題でも、やはり箇条書きの書き方や書いた文の数等が似ていました。

三番目の「原稿を作ろう」という課題では、内容は選んだ題材により異なっていましたが、先に読んだ例文を部分的に応用する頻度やその方法がとてもよく似ていました。

最後の「グループの他の人の発表のメモを取ろう」という課題では、解答欄へのグループのメンバーの名前の書き方や、箇条書きの量が特にふたごでは似通っているケースが多くありました。

このように、一卵性双生児の間では、同じ課題に対して内容的には異なる解答をしていても、書式や挙げる例の数といった点が似ていることが多いようです。具体的な思考内容は、それぞれの経験に左右されるところが大きいために異なる内容の答えを思い浮かべたのだろうと思われますが、一つの問いについていくつの具体例を思いつくかといった発想力や、一つの解答をどの程度緻密に記述するかといった思考の様式のようなものには、共通性が高いように思われます。その共通性が遺伝要因によるものなのか環境要因によるものなのかはさらなる研究の必要性があるでしょう。

理科の授業では、書式ではなく思考内容に類似性が認められたこともあります。

三年生の理科（生物分野）の「細胞」と「遺伝」を扱った授業のまとめとして、「爆笑問題のニッポンの教養——ヒトはなぜ死ぬのか？」（ＮＨＫ）のビデオを見せたときのことです。この番組では、「遺伝・遺伝子」「DNA」について専門家がわかりやすく解説してくれています。その中で、東京理科大学薬学部の田沼精一先生の研究が紹介されていました。田沼先生はDNAを切断して細胞の機能を停止させる、いわば「死の遺伝子」をヒトがもっていることを世界で初めて発見したのだそうです。このビデオをみたあとで、「あなたはヒトに死（寿命）は必要だと思いますか」という質問を行い、生徒に自由に論述してもらいました。そのときの解答の中で特に印象に残ったふたごのケースをご紹介します。

その男子のふたごは一卵性で、性格も全く異なり、本人たちにいわせると「仲が悪い」関係にありました。一方は、無口で廊下で擦れ違ってもあいさつもせずに通り過ぎるようなおとなしいタイプで、もう一方は進んであいさつをしてくれるような快活なタイプです。一方は卓球部、もう一方はバスケット部という具合に部活動も異なり、お互いに特別な用がないかぎり家でも学校でもほとんど会話をしないようでした。にもかかわらず、この質問に対する二人の答えが非常に似ていたのです。表現のしかたには違いはありますが、二人とも「死は必要である」という考えで、その理由として「喜びや幸せという感情がなくなる」「目標・ゴールがなくなると辛い」ということを挙げていました。学校ではほとんど会話をすることがない二人が、そっくりなキーワードを挙げて述べているのです。このケースでは、二人の関係性から考えると、先に授業を受けた方が帰宅後にもう一方に話して考えを一致させたということはなかったと思われます。

理科のレポートを書かせると、文章の書き方やレイアウトがふたごの間で非常によく似ているということがよくあります。改行のしかたやカギ括弧の使い方、箇条書きにするか文章にするか、といった点で同じような書き方をするケースが多くみられるのです。これは、先にみた英語の課題に対する答え方の形式に共通性が高かったことと一致しています。しかし、今回の論述内容の一致は、それとは異なり思考内容に関わることだけに、ものの考え方についても遺伝が関係しているのではないか、と思わされたのでした。

もちろん、家庭での教育や保護者の思想の影響もあるでしょうし、たった一つのケースで何かを類推することはできないとは思いますが、もっと多くの事例を検討することによって、思考内容の傾向における遺伝と環境の関係がわかるかもしれません。

ちなみに、このふたごは、五年生になったとき卒業研究（五年生から六年生の一年半各自で設定したテーマに沿って研究したことを論文にまとめあげるもの）で二人とも同じ「トリックアート」をテーマに設定しました。一方に聞いたところ、テーマ決めの際に二人で相談したことは一切なく、偶然にもやりたいテーマが同じになってしまったのだそうです。興味・関心まで同じ、という点でも、このふたごは特殊なケースだったのでしょうか……。

ふたご同士の関係は？

これまでみてきたように、遺伝の影響を強く感じさせられるような、「ふたごは似ている」と思うケースはとても多くあります。しかし、最初に述べたように、いくら似ていても一人一人は別の人間です。

自己のアイデンティティを確立していく中高生時代には、とかく自分の個性を主張したい気持ちになるものです。そんな時期に自分にそっくりの人間が目の前にいたら、その相手との違いを強調したくなり、相手に対しても強い反発を覚えるような気もします。しかし、その一方で、自分にそっくりの人間なら他の誰よりも自分のことをわかってくれ、誰よりも心強い味方になってくれそうな気もします。

では、本当のところふたご同士はお互いにどのように感じているものなのでしょうか。ここからは、東大附属のふたごたちのさまざまなエピソードの中から、ふたごたち自身がお互いに相手をどのように意識し、どんな関係を築いているのかをみていきたいと思います。

息もぴったり

ある一卵性のふたごの姉妹が、三年生の遠足実行委員会を担当したことがあります。この二人は、まるで血の通った親友のように仲のよい関係にありました。息もぴったり合っていて、遠足の準備のためにしおり作りを二人揃って担当したときには、まわりがついていけないくらい素早く意思疎通を行い、まるでビデオを二倍速で再生しているときのように手際よく作業を進めていました。

ふたごの間では、このようにまるで自分と会話をしているかのように素早く意思疎通を行う場合がよくあります。あたかも反射しあう鏡のように、ことばを用いなくても素早く相手の意思を確認できるようにもみえるのです。こういう意思疎通の素早さは、スポーツをする場面で特に大きな力を発揮するようです。

一人はサッカー部、もう一人はバスケットボール部に所属している男子の一卵性のふたごがいます。二人は小学校のころ同じクラブチームに所属し、二人とも両方のスポーツに取り組んでいたそうです。

サッカーもバスケットボールも団体競技であり、特にプレイヤー同士のコミュニケーションが大切な種目です。パスを出すタイミングやポジショニングなどで、お互いの息が合っているかどうかがゲームの流れを左右することがよくあります。とっさの判断で反射的にパスを出したい場所に相手が飛び込んできてくれるか、あるいは次の展開を読んでパスを出した先に相手がポジションをとってくれるか、そういう一瞬の動きがチャンスを作ったり、逆にピンチを招いたりすることがあるのです。ふたご同士の場合、不思議とそういう一瞬のタイミングが合うことが多いといいます。

現在は、それぞれのチームの仲間とコミュニケーションをとりながらプレーをしていますが、過去の試合では圧倒的に他の友だちよりもふたごのお互い同士の方が、コミュニケーションがとりやすかったとこの二人はいっていました。やはり、ふたご同士のコミュニケーションは、友だち同士に比べて素早く理解しあえるものなのかもしれません。

このような一瞬の意思疎通だけではなく、ふたご同士のコミュニケーションでは、疑問や不安を相談しあいながら解決していく場合でも、その相談しあう様子がまるで自問自答を行う一人の人間の内面の会話のようにも思えることがあります。ときには異なるアイデアや知識を与えあう姿もみられますが、そんなときでもふたりはお互いが同じ次元で相談しあっているようです。たとえば、一方が友人関係で悩んでいるときにもう一方が相談に乗っている場合、年齢差のあるきょうだいのように一方が上に立ってアドバイスをするというよりは、二人で同じ問題についてあれこれ考えを出しあって、当事者でない方もあたかも自分の問題であるかのように話しあっているのです。

そういう相手が常に自分の近くにいるふたごたちは、ふたごでない生徒よりも精神的な安定状態が優位であるという報告［注2］もあります。ふたごでない場合よりも相談相手の獲得が容易で、神経をすり減らすことなく意思決定を行えるからだと考えられます。

いつも一緒の仲良し

こんなコミュニケーションができるせいでしょうか。またある六年生の一卵性のふたごの姉妹は、「ふたごってお互いにテレパシーみたいなのがあるんでしょ？」と言われた経験がよくあるそうです。もちろん、そんなものはなく、そういうふうにいわれるのはとても心外だといっています。それは、二人が別々の人格ではなく一心同体のように思われるのがいやだ、ということなのでしょう。六年生にもなると、たまに共通の友人と一緒に遊ぶことはあっても、自然とそれぞれに違う友人ができていますし、趣味も異なるので、基本的にふだんの行動は別々になってきます。そのため、周囲からもそれぞれ別の人格として扱われるようになっているのがふつうです。

しかし、この二人は、一年生のころからずっと同じ管弦楽部に所属し、引退まで活動をともにしてきました。管弦楽部には揃って所属しているふたごの部員が各学年にいたせいか、一緒に活動することにはそれほどの違和感はなかったそうです。登校も一緒ですが、部活動も一緒なので必然的に帰るのも一緒のことが多くなります。そのため、周囲からはいつも一緒の仲の良いふたごだとみられています。本人たちも、知らないところに行くときには、一人で行くのは苦手で、二人で出かけると安心するといい、確かに二人は強い絆で結ばれているという印象を受けました。

しかし、そんな二人の関係には、本人同士からみればそう単純に「仲良し」とはいえない部分もあるようです。競争相手というほどの強烈な感覚はないものの、成績などで二人の間に大きな差があると、強く劣等感を感じてしまうといいます。ほとんど同じ条件の中で育ってきたはずなのに、自分が同じパフォーマンスを示すことができないということは、自分の能力が低いということを示していると考えたくなるからなのかもしれません。

同じ部活に入っている仲の良いふたごの例は他にもあります。六年生のある一卵性のふたごの姉妹は、二人揃って一年生のときからソフトテニス部に所属していました。その上、試合でも二人でダブルスを組んで出場しています。この二人もやはり、年齢が進むにしたがって自然と趣味も服装の好みも異なってきて、ふだんの行動は別々のことが多いそうです。しかし、初めての場所に行くときや、知らない人がたくさんいる場所に行くときは、二人一緒に行く方が安心するともいいます。片方の都合が悪くて行けないときに、体調不良を理由に欠席してしまったこともあるのだそうです。

この二人の場合は、ふたごであることの良さを感じているともいっています。ソフトテニス部では、五年生のときに姉が部長で妹がキャプテンになったこともあり、家では部の運営について、よく二人で相談をしていたそうです。相談しあったり、勉強を教えあったり、一緒にスポーツを楽しんだりすることは、年齢差のあるきょうだいでもできることではありますが、同じ学年で同時に同じ課題に向きあってともに歩む相手がいる、という心強さはふたごだからこそのものだ、ということのようです。

この二組に共通しているのは、思春期に入り始めたころから自然とアイデンティティの確立に向けてそれぞれが異なった嗜好、趣味、友人関係をもちはじめ、やがてふだんの行動は別々になっていくとしても、一方で同年齢ゆえにお互いが対等に支えあうことができるという関係も大切にしているらしいということです。お互いに別々の行動をとりつつも、どこかでお互いの存在に安心感を抱きつつ、やがて適度につかず離れずのおとなの関係になっていくということなのでしょう。年齢とともに別々の行動をとることが多くなっても、ふたごの関係は相互の安心感や信頼感をベースに成り立っているのだといえそうです。

ふたごはライバル？

今ご紹介したふたごは、いつも一緒で仲の良い関係をもっているケースでしたが、もちろんどのふたごも必ず仲が良いというわけではありません。お互いの違いを際立たせ、間違えでもしたら大変、というふたごもいます。また、通学時に同じバスから降りてきても、あえて距離をおいて歩き、お互いに知らぬふりを決め込んでいるようにみえる姿に出会うこともあります。なかには、意図的に登下校時間や経路まで変えている場合もあります。しかしながら、それはお互いの存在を意識しているからこその行動とも考えられます。

一方で、東大附属では後期課程になると自由服になるのですが、まるで周囲から「同じだ」「似ている」といわれるのを楽しんでいるかのように、髪型も服装も同じにしている女子のふたごもいます。いずれにしても、やはり、ふたご同士の間では、常に相手をどこかで意識しているようです。そんなふたごたちの中には、お互いをライバルとして競いあい、高めあう関係にあるふたごたちもいます。よきライバルであったふたごのエピソードをいくつかご紹介しましょう。

東大附属の体育祭の種目に「色別リレー」というものがあります。一年生から六年生までの各クラスの代表が学年順にバトンをつないでいくリレーで、体育祭プログラムの最後を飾る種目として、会場にいる全員がトラックに注目する花形競技です。ある年その「色別リレー」に、一組の男子の一卵性双生児が一位を争い、ともに走る状況が訪れました。一人がある組のバトンを受け取ってから、もう一人が自分の組のバトンを受け取ったのです。二人の違いは、遠目には鉢巻きの色でしかわかりません。前を行く方は懸命に走っています。なんとか追い抜こうと後方から追い上げますが、トラックを一周する二人の差は全く詰まりません。二人は同じ部活動に所属しており、その運動（種目）のもつ特性や二人を取り巻く環境なども同じであるためか、二人の間には差がつかない［注3］のです。二人の表情には自分が勝つのだという信念が表れていましたが、同時に追いかける方には「抜いてやる」という強い意志が、追われる方には「抜かれるのではないか」といった不安が伴っているようでもありました。

このように競いあう関係は、男子のふたごに多くみられます。この二人は、ともに写真部と硬式テニス部の二つの部に所属し、五年生では一方が生徒会長を務め、もう一方は中央執行委員会（生徒会の幹事連絡会議）書記と「銀杏祭」（文化祭）実行委員長を務めました。二人は会長選挙では競いませんでした。しかし、生徒会活動や生徒会行事という、ともに学校を支える生徒会の仕事に携わったことには変わりがありません。銀杏祭というのは、体育祭と並ぶ生徒会の二大行事の一つです。銀杏祭実行委員長というのは、その準備から会計処理が終わるまでの全校の活動の運営を半年以上の長丁場にわたって指揮する重責を担う大役なのです。

こうした生徒会の仕事を分けあうようなふたごの事例はとても多くあります。そのようなふたごは、譲りあいつつお互いが同じ重要度をもった役割を分けあい、協力関係を結んでいきます。

一方で、ライバル心から生じる葛藤も、学業や部活動などさまざまな面で起こることがあるようです。テスト勉強で、一方が深夜までがんばると、他方もそれに負けじとがんばってお互いに高めあうということもあるので、ライバル心を抱くことは一概に悪いというわけではありません。しかし、対抗意識が過重になれば、精神的プレッシャーが大きくなることもあります。また、お互いに張りあう気持ちばかりが前面に出てくると、長い六年間の間には不仲の時期が訪れることもあります。

しかし、対抗意識とお互いを尊重する気持ちのバランスをとることによって、ふたごたちはお互いの可能性を最大限に引き出しあうこともできるのだと思います。先の生徒会の仕事を分けあったふたごの関係は、切磋琢磨と協調とを両立させた事例といってよいでしょう。

今みてきた例は、いずれも男子のふたごたちの関係でした。このように、男子の場合は「ライバル」とか「対抗意識」という色あいがはっきり出てくるように思われますが、同じライバルといっても女子の場合はまた少し違った関係になるようです。

三・四年生の「課題別学習」という選択授業でのことです。この授業では、授業の成果を文化祭の舞台で発表することにしています。ある年、この講座に二組の女子のふたごが参加しました。二組とも仲のよい関係で、一方が遅くまで残ることになっても、相手を待って一緒に下校するほどです。しかし、A子とB子の二卵性のふたごはこの授業では常に二人が同じグループにならないように行動していました。二人の性格が対照的だったためでもあるかもしれません。A子は自信がなく、どちらかというと不満の多いタイプで、B子はにこやかで温和な性格です。もう一方のふたご姉妹は、似たような性格の持ち主でこの講座でも進んで一緒に行動していました。

ある日、発表のためのグループを作ったところ、B子ともう一組のふたごの三人で一つのグループを作りました。この三人グループは、活発に意見を出しあって課題に取り組み、他のどのグループよりも気があう様子でした。活気もあり、演技やせりふを覚えるのも早かったようです。一方、別のグループで発表することになったA子だけは、恥ずかしがり屋の上に自己表現が下手で、練習にはとても苦労していました。そのため、A子が無事に発表を成功させられるのかとても心配していましたが、文化祭本番の発表では、A子も他の三人も見事な成果を披露することができました。

その翌年の文化祭で、A子が驚くような成長した姿を見せてくれました。あんなに自信がもてず、恥ずかしがり屋だったA子が、なんと開会式で部門長（責任者）を務めていたのです。その上、A子とB子がともに劇に出たりもしていました。

もしかすると、A子のあの不満癖は、B子と比べてダメな自分に対する劣等感の裏返しだったのかもしれません。何とかしたくても上手くできない自分を情けなく思う気持ちが、ついつい不満という形で表に出ていたのではないでしょうか。A子があえてB子と別のグループに入ったのも、そんな劣等感から逃れたかったせいかもしれません。もし、劣等感をもっていたとすれば、二卵性であることもその劣等感と関係がありそうです。二卵性の場合には、二人の間に能力差がみられるとそれを「自分の方が遺伝的に劣っているから」と解釈して、能力の劣る方が必要以上に強く劣等感を感じてしまうことがあるからです。あるいは、なんとかしてB子に追いつきたいというA子なりの競争心がそうさせたのかもしれません。B子から離れ、自分一人の力で成功することができたことで自信をつけることができたのだとすれば、A子の競争心が彼女を大きく成長させたのだといえそうです。

男子のようにはっきりとしたライバル心を燃え立たせていなくても、女の子のふたごにも競争心は確かにあるように感じられた出来事でした。

次にご紹介するのは、ふだんはとても仲がよく、髪型も服装も同じ、クラブ活動も同じというふたごの姉妹のエピソードです。

彼女たちが一年生のときのことです。五〇メートル走の記録測定後、それぞれが別のタイミングでお互いの記録を聞きにきたことがあります。そのときの聞き方や素振りがそっくりだったので思わず笑みを漏らしながら、C子に「どうして二人はお互いの記録を先生から聞こうとするの？　相手から聞けばいいのに」といったところ、彼女は予想していたかのように「そうか、D子がもう聞きにきていたんですね」と問い返してきました。

実はD子がC子の記録を聞きにきたのは、まだC子の測定をする前のことでした。そのことを伝え、D子の記録を教えてあげると、C子は自分の方が〇・三秒早かったことに喜び、少し落ち着いてから答えてくれました。

「両親が小さいときから二人を比べることなく育ててくれたこともあって、ふだんは私たち姉妹はとても仲が良くて、私はD子のことが大好きなんです。でも、小学校二年生からスイミングクラブに入って一緒に水泳を習い始めたころからD子は一番負けたくない人になりました。D子も同じなんだと思います。記録だけでなく、成績や遊びの中でもどこかで意識してしまうんです。自分から本人に聞くと何となくいやな気持ちになるので、つい先生に聞いてしまいます。」

そう話してくれたC子に、「すてきな姉妹だね。あなたを伸ばしてくれるのはD子で、D子を伸ばしているのはC子、あなたなのですね。お互いに相手を気遣いながら、負けないように努力する。素晴らしいライバルですね」。すると少々照れながらもC子はいいました。「先生、D子がこの記録を訪ねてきたら記録を教えた後に、もう少しだったね。次がんばってといってくれませんか？　私もそんなふうにいわれたらがんばれると思うので。よろしくお願いします！」。そう言い終わると、C子は走って教室へ戻っていきました。ライバル心を抱きつつも、こんな風にお互いを気遣いあう姿をみると、なんだか心が温かくなります。こういう気遣いは、女の子のふたごだからこそ、なのかもしれません。

ふたごの意識は男女で違う？

こんなふうに、どこかでお互いに対抗意識を抱きながらもそれを表だって表現することを避けたり、相手をそれとなく気遣ったりという微妙な関係を結んでいる女の子のふたごたちの意識は、男の子のふたごとは違うように感じられるのですが、はたしてふたご同士の関係に性差はあるものなのでしょうか。ここである事例をご紹介しましょう。

次のような出来事がありました。

「本当はEと一緒の講座になりたくなかったんです……」。新学期開始直後の授業中に、三年生になったばかりのFがつぶやきました。この授業は、東大附属で三・四年生を対象に行われる「課題別学習」の一講座です。東大附属のふたごは、原則として別々のクラスになりますが、ときにはこの選択科目のように同じクラスで一緒に学習することもあります。五・六年生になると授業の多くはそのようになるのでそれほど抵抗はなくなるのですが、三・四年生にとってはまだクラス単位の授業が多いため、ふたごたちにとっては「一緒」という状況は少々特別なことかもしれません。

このときのこの講座には先のEとFの一卵性の男子双生児と、G子とH子という二卵性の女子双生児がいました。「課題別学習」の講座は希望制で、生徒は十以上ある講座の中から興味のある講座を三つ選択し、その中から一つ抽選で選ばれるものとなっています。その講座選択のときに、先のふたごたちがどのようなことを考えたのかを尋ねました。

EとFはお互いに特に相談をしませんでしたが、条件や好みが似ていたためか結果的に三つとも同じ講座を選択していました。お互いに「同じものにならないといいね」といっていたということですが、結果として同じ講座になったのです。一方、G子とH子と一緒になるといいなと思いながら同じ講座を選択しました。そして、めでたく同じ講座になれたのだそうです。結果として同じ講座に「なってしまった」EとFと、「なることができた」G子とH子はどのような心境だったのでしょうか。

EとFは海外から日本の幼稚園に転入してきましたが、一緒のクラスで過ごしたのはこのときだけで、その後は全部別々のクラスで過ごしてきたので、「学校では別々」が当たり前でした。今回の講座も最初のうちは、EはFと一緒であることがいやでした。お互いに仲が悪いわけではなく、家ではふつうに話もします。でも学校では別々に過ごしたいと思っていました。比較されるのはいやだし、何より同じ場所にいるとお互いのことが気になってしまうというのです。そして、一緒にいるとどうしてもはりあってしまうともいいます。男同士でいつもふたり一緒にいるのはどうかという抵抗感も少々あるようです。

一方で、G子とH子は、小学校時代はずっと同じクラスでした。名前はよく似ているけれど、外見はそれほど似ておらず、名前以外でふたごと気づかれることは少なかったそうです。一見したところ、G子もH子もそれほどお互いを意識せずに過ごしているようですが、実は二人で一緒にいる状況に強い安心感を覚えていました。H子は、塾に入るときや課題別学習を例に挙げて説明してくれました。一人だけの状況になってしまうとすごく心細く辛いけれど、そこに相方がいれば絶対に一人にはならずにすみ、いつもお互い別々の友だちと一緒に過ごしているし、家でもそうだけれど、いざというときの相方の存在は絶対的な安心感をもたらしてくれるのだそうです。H子は、それを「保険みたいな存在」と表現しました。このことばから人間関係に気を遣いながら「普通に」日常を送る思春期女子の賢さと警戒感が伝わってきます。

EとFがお互いに抱く強い競争心と、G子とH子がお互いに抱く強い信頼感という意識のもち方の違いが、男女の性差によるものなのか個性の違いによるものなのか、またふたご特有のものなのか、断定はできません。しかし、自我を確立していく過程途中の彼ら彼女らにとって、ふたごであるということがさまざまな影響を及ぼしていることは確かであるようです。

ふたごだからこそ

このように、お互いに競争心や信頼感という形で相手を意識しあいながらも強い絆で結ばれているようなふたごたちの関係は、やはり年齢差のあるきょうだいとはまた違った関係であるようです。ここでは、そんなふたごだからこその関係がよくわかるエピソードをご紹介しましょう。


家庭科の授業でのことです。

六年生の「生活文化」の授業では、ライフプランを立てるという課題を与えます。ふたごたちのライフプランをみてみると、ふたごに顕著な特徴がみられました。ふたごたちは、自分たちがふたごであることが常に意識のうちにあるようで、相手の出方をみながら自分の人生を考えていく傾向が多く見受けられるのです。たとえば、大学進学では同時に進学するということで経済的な面を考えて国公立を選んだり、一人暮らしをしたくても二人同時には難しそうだと考えたりしています。また、特に、一卵性双生児では、適性や興味が似ていることが多く、結果として似たような進路や職業を考えることがあります。たとえば二人とも工学部から大学院へ進学して、企業の研究職に就きたいといったり、二人とも美術系に進学してデザインの仕事がしたいといったりします。しかし、異性のふたごは、お互いに違う人生を歩むことが当たり前のようになっています。

住生活分野で住みたい住居の設計をさせると、ふたごたちの場合は、東大附属を卒業した後、あるいは大学を卒業して結婚するまでの間の「二人暮らし」の間取り設計することが多くあります。多くの生徒は現在の家族全員か一人暮らし、あるいは将来の家族で住む家を考え、兄弟姉妹とだけ一緒に住むことは考えません。女子のふたごたちの場合は「一人暮らし」に対する心細さもあるのかもしれませんが、年齢差のある兄弟姉妹とは明らかに違う関係性が現れています。無意識に、ふたごの相手は自分のそばにいて当たり前の存在と感じているのかもしれません。

また、こんなエピソードもあります。あるふたごは、前期課程のころから頻繁に保健室に来る生徒でした。その生徒たちの家庭は複雑で、精神的にも肉体的にも心休める場所でないと口を揃えていっていました。初めは二人ともそのような共通した愚痴を保健室に話しに来ていましたが、後期課程になると二人の関係が変化してきました。家族しか知らない出来事や、ふたご同士の間でしかいっていない秘密が友だちに知られていたり、一方の気の強い性格に耐えられないことが他方に感じられたりして、お互いの距離が離れてしまったときがあったのです。

相手の気の強さに耐えられなかった方は、さらに保健室に頻繁に通うようになりました。その一方で、気の強い性格の方は保健室にはあまり姿をみせなくなりました。保健室に通ってくる方は、気の強い性格の方が「自分より勉強ができる」「自分より親に理解されている」といい、「相方の人間性がわからなくなった」「自分だけ親と喧嘩になる」などと訴えていきます。自然と保健室での休養も多くなりました。このような訴えを聞いていると、ふたりの関係は修復ができないほどに悪化してしまったかのようにも思われました。年齢差のあるきょうだいなら、ひょっとすると仲の悪いままになってしまったかもしれません。

しかし、卒業間近になり、気の強い方がトラブルの渦中に巻き込まれたとき、あれほど愚痴をこぼしていた方が、誠心誠意フォローして回る姿がみられたのです。その姿をみているうちに、ふたごというのは世界で一番近い存在であるだけに相手に対して嫉妬しやすいけれども、やはりお互いの幸せを一番喜んであげられる分身的存在なのではないか、と強く感じさせられました。

とはいえ、常にすぐそばにいて、同じ時期に同じことを経験することの多いふたごたちは、好むと好まざるとにかかわらず、周囲から同じ基準で比較されることが多くなります。そのため、どうしてもお互いを意識してしまうことになり、二人の間に大きな差がつくと気にしないわけにはいかなくなるようです。そういう点では、一卵性でも二卵性でも変わりはありません。

しかし、二人に差がついた場合の意識のしかたは、一卵性と二卵性では微妙に異なるようです。一卵性の場合には、「遺伝子が同じ」という思いがあるので、仮に二人の間に大きな差がついた場合でも、劣ってしまった方が「遺伝的には同じなのだからいつか追いつける」と楽観的にとらえる場合が多くあります。また、劣っていることに劣等感を強く感じてしまう場合には、「遺伝子は同じなのに自分が劣ってしまったのは、環境が悪いせいだ」という形で、親や周囲の人間のせいにして逃げてしまう場合も出てきます。そうなると二人の差は広がる一方になってしまい、いつまで経っても劣等感を克服することが難しくなってしまうことになるのです。

それに対して、二卵性の場合には遺伝的には異なっているので、二人の間に大きな差がついた場合には、それを決定的な違いとして受け止めてしまうことになりかねません。そのため、往々にして劣ってしまった方が「自分はどうせ相手にはかなわない」と投げやりな気持ちになることがあるといいます。しかし、そんな場合には、「どうせかなわないのだから、自分は自分の道を進もう」と開き直り、相手にはない自分の良さを伸ばしていこうと思うこともできるようです。

このように、同じふたごでも、一卵性か二卵性かによって、ふたりに違いが生じたときの悩みの現れ方は微妙に異なっています。二人の個性が顕著になる時期だからこそこうした悩みが生じるのでしょう。仲が良く強い絆で結びついていると思われるふたごたちにも、こうした微妙な関係がみられるのです。

教員からみたふたご

これまでは、ふたご同士の関係について、さまざまなエピソードをみてきましたが、ここでは、さらに教員という立場から学年や学級を経営していく観点でふたごをみた場合についてお話しします。

先にみたように東大附属では、ふたごは異なるクラスに振り分けています。特に入学時の段階では、教員はまだ新入生の顔をよく知らないため、見分けがしやすいようにということもあるので、クラス分けのときにはふたごには気を遣います。

新たな学校生活が始まる入学式のあと、子どもたちも教員も「慣れる」ための時間を過ごします。その中では学年で一斉に動くことも多くあります。その際には、異なるクラスに振り分けられたふたごたちは、学年という一つのまとまった集団に組み込まれている状態になります。そのため、まだ不慣れな教員とふたごとでちょっとした「摩擦」が起こります。教員の側からすると、「分身の術」ともいえることをふたごが無意識に行うわけです。自由行動の時間に自分のクラスの生徒だと思って声をかけたら、実はもう一人の方だった、などということが「分身の術」の一つです。またあるときは、「同様の」反応がふたごのそれぞれから返ってくることもあります。さっきあった出来事が、すぐあとでもう一度繰り返されるといったようなことが起こるわけです。

また一方で、そのふたごたちが全く異なった反応を返してくることも多々あります。こういうそれぞれで異なる反応は、教員からすると、時間が経った後にすべての子どもたち一人一人を際立たせていく（個を把握していく）ための貴重な「データ」になります。もっとも、この「データ」は数値化することが難しいもので、教員の経験と「勘」として蓄積されるものでしかありませんが。

入学して半年ほど過ぎると、このような「摩擦」を経て、教員にもふたごたちにも「慣れ」と「余裕」が出てきます。教員は、一人一人を際立たせる「データ」をもとに対応し、ふたごの子どもたちそれぞれがもっている個性をさらに把握していくのです。

たとえば、配布物の家庭への届き具合が違う、などといったこともそうした「データ」の一つです。ふたごは先程も述べたとおりクラスが分かれているため、学校からの配布物をそれぞれに一つずつ渡しています（このような配布物はまとめてしまってよいのではと思われるかもしれませんが、個々の存在として子どもたちをみる姿勢をとっているため、東大附属では一人一つずつ渡すようにしています）。しかし、常に一枚しか家庭に届いていなかったり、場合によっては全く家庭に届かなかったりということも起きてきます。そのような中で、似たような雰囲気をもちながらも微妙な差異によって個性が際立つふたご、全く正反対の個性が際立つふたごというようなところが明らかにわかってくるのです。

ふたりの違いは、保護者との面談でもみえてきます。家庭での様子を聞くと、一方は几帳面でしっかりしているのに、もう一方は甘えん坊でいい加減だ、などといった違いがあることを教えられることがあるのです。そういう話を聞いてから学校での様子を観察していると、それぞれの個性がいっそうはっきりとわかるようになることもあります。

一年生のうちはまだまだそれぞれの個性がはっきりと際立っていない場合もあります。ある一年生の保護者の方が、「二人の違いを説明してみてください」といったこともあるほど似通ったふたごもいるのです。しかし、学年が上がっていくにつれてそれぞれの違いは明瞭になってくるものです。ときには二人の間の大きな違いに不安や心配が頭をもたげてきて、担任に相談に来られる保護者もあります。

また、年齢が上がるにつれて教員との「衝突」も増えることがあります。それは、先にみたように、ふたごの相方に対して劣等感を抱いたり、逆に相方との違いを強調することで自分の個性を主張したい気持ちを抱いたりすることが原因となっていることが多いようです。子どもたちが自分をしっかりと固めていく時期だからこそ起きる衝突だといえるでしょう。こういう思春期に特有の感情は、ふたごでなくても起こりますが、ふたごの場合には特に大きな衝突になることがあるように思います。自分と似ている相手がいるからこそ、心の葛藤も強くなるのかもしれません。

六年生になって進路を考える時期になると、ふたごたちはそれぞれ自分自身の人生について考えるようになります。これまでずっと同じ学校で学び、ともに歩んできたふたごの相方と自分の進む道が分かれていくことになるかもしれない。そんな思いがわき上がってきて、中には大きな不安にとらわれるようなふたごもいます。しかし、こういうときこそ、みんなが受験をするからといった制度的な問題のせいにして逃げてしまうのではなく、自分自身で、場合によっては頼りになるおとなをみつけて、自分の大枠を描きだしていってほしいと思います。

自分とは何者か、という問いの答えは決して遺伝によって決められるものではありません。他者との出会いや自らの積み重ねてきた経験、そしてその中で培われてきた問題意識や価値観といったものが自らを作り上げ、個性として結実してくるのです。その個性を生かす道を選ぶ進路選択の機会は、ふたごたちにとってまさに真の自己を確認するチャンスにもなるのだと思います。

東大附属の教員は、このようなふたごたちの成長を間近にみることができ、そしてそのことを通じて教員として子どもたちの「個」をみる経験と勘をも蓄積することができることを、恵まれた不思議な得難い環境であると受け止めています。ふたごの子どもたちはその環境の中で成長していく「主役」であると同時に、また不思議な得難い環境を作ってくれる重要な「ファクター」でもあるのです。

東大附属では、そのような子どもたちの成長と葛藤が、ふたごにもふたごではない子どもたちにも起こります。そのような成長の葛藤への寄り添いが、周囲のおとなである保護者や教員たちにも、自身のアイデンティティに対する意識をより鮮明にさせてくれます。いうなれば、そのように個々人の心のうちへ深い思いを致すことそのものが、この学校のアイデンティティを形成していっているといっても過言ではないかもしれません。

単に「ふたごが多い学校」ではなく、ふたごが多くいるというこの学校の環境から、むしろ自分とは何か、人間が成長するということはどういうことかを問いかけられているとも考えられます。東大附属は「教育とは何か」という問いと、その問いに対する答えの一つである「個の確立」とは何かを問い続けている学校であるといえるのかもしれません。

［注1］敷島千鶴・安藤寿康・杉本雄太郎・鈴木国威・小林千浩（二〇一〇）「認知能力と社会・脳・遺伝子――双生児の類似性から」『日本パーソナリティ心理学会大会発表論文集』一九号、一五―一六頁。

［注2］この本にも寄稿されている佐々木司先生の一連の研究を参照して下さい。

［注3］福島昌子（一九九八）「双生児の心理的競技能力」『東大附属論集』四一号、六七―七九頁。

第2章　卒業した双生児たち

卒業生へのインタビュー

ここまでは、東大附属に在校中のふたごたちについて見てきました。中学・高校の六年間を東大附属で過ごしていくうちに、ふたごたちがお互いをどのように感じ、どのようにそれぞれの個性を育み成長しているのか、あるいは、そのようなふたごたちを教員がどのように見つめているのかといったことがおわかりいただけたでしょうか。

では、東大附属を卒業したあとのふたごたちは、それぞれどのような道を歩んでいるのでしょうか。在校中は同じ家に住み、同じ学校に在籍しているため、どんなにお互いに距離を置こうとしても似たような環境に身を置かざるをえません。しかし、そんなふたごたちも、卒業後は多くの場合別々の大学に進学したり、結婚したりして全く異なる環境に身を置くことになります。そのように離れてしまったあとの二人の関係や個性には、どのような変化が生じるのでしょうか。長い人生を歩んでいく中で起こるそうした変化を知ることは、ふたごについての理解を深めることにつながります。そこで、そうした大きな視点からのお話をうかがおうと考えて卒業生へのインタビューを行ってみました。

インタビューに応じて下さったのは、東大附属で副校長も務めた三橋俊夫さんと、そのふたごの弟の紀夫さんの二人、三橋さんの同級生の古畑和子さん・大畑朋子さん（旧姓藤田さん）の二人、また、卒業後一五年ほど経った網中秀輔さん・孝輔さんの二人の合計三組、いずれも、一卵性双生児の方々ばかりです。

ふたごであるということ

自我を確立する途上にある在校中には、とかく比較されがちなふたごに生まれたことを肯定的に受け入れることが難しいふたごもいるものですが、一人の人間としての人格をしっかりと築きあげたあとでは、ふたごに生まれたことをどのように受けとめるようになるのでしょうか。そんな素朴な疑問を、三組の方々に聞いてみたところ、全員が「ふたごに生まれてよかった」と答えて下さいました。

中でも、網中秀輔さんと孝輔さんは、ふたごであることを全面的に肯定しているようでした。

秀輔さんは、「勉強なども教え合えるし、仲の良い友だちがずっと一緒にいるという感じでした。バスケットでもパートナーとして上手くやってこられました。同学年には仲の悪いふたごもいましたが、そういう人たちを見ていると、どうしてだろうといつも不思議に思っていました。仲良くしていればいいこともたくさんありますし、友だちの輪も広がります。持ち物も共有できますし。仲の悪いふたごの人には、ふたごであることをもっと活かすことを勧めたいですね」と、「ふたごの利点」をアピールしてくれたほどです。また、孝輔さんも「あえて逆をいくような態度をとっているふたごはかわいそうだと思いますよ。比べられるのが嫌だからといって無理しているならもったいないですね」と語っていました。

三橋紀夫さんも、「私たち二人の間では、能力的にあまり大きな差がなかったこともあるとは思いますが、ふたごであることにプレッシャーを感じたことはありません」といっています。そして、「むしろ、ふたごであることが心強かった」と振り返っていました。

一方で、ふたごであることをすんなり受け入れられない時期のあった方もいます。古畑和子さんは、「思春期のころ、自分のアイデンティティについて考えていたときには、相方から離れたいと思う気持ちが強かった」と振り返っていました。和子さんのふたごの妹の朋子さんも、「姉は英語が好きというので、じゃあ私は違う方へという反発もあり、理系の道に進みました」と当時を振り返っていました。しかし、そうはいいながらも、二人とも「お互いに気持ちが通じ合うのがよかった」と、ふたごであることの良さも理解していたといいます。アイデンティティを確立していく途中では、自分と似たふたごの相手を見るにつけ、その相手との違いを何とかして作り出したいという気持ちが生まれてくるのでしょう。しかし、そんな時期にふたごであることから逃げたい気持ちが生まれたとしても、それぞれが自分自身を確立したあとでは、自分に一番近い存在として、ふたごの相手の存在を肯定的に捉えられるようになっていくもののようです。

共通したところと個性

このように、大人になったふたごのみなさんは、揃って「ふたごであること」を肯定的に受けとめていたことがうかがえましたが、その背景には、やはり「自分自身に最も近い存在である」ということが関係しているように思います。では、ふたご同士の間では、自分たちの「共通点」や「個性」というものをどのようなところに見いだしているのでしょうか。また、実際のところ、年齢を経てもなお変わらずに共通しているのはどういうところで、逆にどのようなところに違いが生まれてくるのでしょうか。

三橋さん兄弟は、声やしぐさはそっくりですが、外見的には微妙に印象が異なります。兄の俊夫さんよりも弟の紀夫さんの方が服装がかっちりしていて、堅実な雰囲気が濃いような感じです。では、本人同士では、それぞれの「違い」をどのように考えていらっしゃるのでしょうか。

俊夫さんは、「自分は安定した中での競争では強いですが、神経質なところがあるので、一発勝負となると弟の方が強いのです」と紀夫さんとの違いについて話します。しかし、「一本気で器用でないところは、二人とも似ている」ともいいます。また、今でも二人ともマラソンをしているなど、どちらも体を動かすことが好きなところや、服の好みも同じだといいます。

では、そのような二人の性格が異なるものになったのはなぜなのでしょうか。俊夫さんによれば、「自分は長男として扱われてきたので、兄的な性格なのです」いうことだそうです。一般的に、長男は神経質になりやすく、次男は自由奔放な性格になりやすいなどという話はよく耳にしますが、昔はふたごといえども長男・次男、などというかたちで区別して育てるのが普通でした。そのため、それぞれが「兄」「弟」の役割を引き受けていわゆる「兄的な性格」「弟的な性格」というぐあいに異なる性格に育つことがよくあったのです。そういう時代だったこともあるのでしょう。俊夫さんも紀夫さんも「兄」「弟」と区別して育てられたことを気にはしなかったとおっしゃっていますが、ご両親が「兄」「弟」として育てたことで、二人の間の性格に違いが生まれたということなのかもしれません。

和子さんと朋子さんは、顔立ちや雰囲気はとてもよく似ていますが、装いが異なるので、どこか違うという感じの二人です。

しかし、やはりこの二人も服の好みは似ているのだそうです。結婚して別々に生活するようになってからも、好みの一致に驚くことがあるといいます。あるとき親族の集まりで金沢に出かけたときに、和子さんが履いていた靴が朋子さんのもっていた靴と同じであることに気づいた、ということがあったのだとか。

二人の性格は、姉の和子さんの方がおしゃべりで活発、朋子さんの方がいつも姉のあとを追う感じで、きまじめなのだそうです。この評価はお互いに認めるところのようで、和子さんは「私の方がフレキシブル」といい、朋子さんは「私は口が重くてきまじめ。融通の利かないところがありますし、あしらいが下手というか不器用です」といいます。

二人はお互いにこのように対照的な個性をもっているのですが、大学進学の際に、文系と理系に分かれたにもかかわらず、二人ともある時期ご自宅で英語の塾を開かれた経験があるそうです。和子さんは、大学の英文科で英語を勉強されたことを生かし、結婚したあと自宅で英語の塾を開いていたといいます。一方、朋子さんは理系の大学に進学し、企業の研究室に就職しましたが、結婚を機に退職、やがて商社マンの夫がカナダに赴任されるのに同行し、帰国後ご自宅で英語の塾を開いたのだそうです。時期や経緯は異なりますが、二人とも自宅で英語を教えることになったというのは、何とも不思議ですね。

英語の塾を経営するには、語学力はもちろん、教える力や保護者との関係を良好に保つためのコミュニケーション力、そして経営的なセンスといった力が必要になるでしょう。また、「専業主婦」という境遇に満足せず、自分自身の力を発揮したいという独立心のようなものも必要になると思います。そういう能力や気質を二人がともに備えていらっしゃるというのは、やはり遺伝的要因が関係しているのではないでしょうか。もちろん、朋子さんは和子さんが英語の塾を開いていたことに影響を受けたということはあるようですが、大学進学の際には全く異なる道を選びながらも、その後の人生において同じようなかたちで力を発揮されたという話を聞くと、遺伝的な素質が人生の道のりを大きく左右するのかとさえ思えてきます。

網中さん兄弟の場合には、小学生のころからお互いの違いを意識しはじめたといいます。兄の秀輔さんは宿題をまじめにするタイプ、弟の孝輔さんはあまりまじめにしないタイプだったとか。また、秀輔さんは物を大切にしますが、孝輔さんはそうでもないのだそうです。まじめな兄に気ままな弟、というのも「兄らしさ」「弟らしさ」といった感じがしますね。しかし、二人の場合には、三橋さんとは異なり、ご両親が特に兄、弟の区別をせずに平等に育てたのだそうです。秀輔さんの方が大雑把で、孝輔さんの方が几帳面だというように、むしろ孝輔さんの方が「兄的な性格」で秀輔さんの方が「弟的な性格」とさえいえるような一面があるのは、そのためでしょうか。しかし、周囲からは「兄だからしっかりしなさい」といわれたことが秀輔さんにはよくあったといいます。平等に区別なく育てられた両親と、「兄」として秀輔さんを扱ってきた周囲の人たちからの言葉が、無意識のうちに二人の性格に微妙な違いを生み出してきたのかもしれません。

周囲の環境で性格が変化していくということでは、網中さん兄弟にはこんなエピソードもあります。実は、東大附属時代には孝輔さんの方が積極的なタイプで、秀輔さんはどちらかというと控えめな性格だったそうです。秀輔さんは先輩にかわいがられ、孝輔さんは同学年や後輩から人気があったというのは、そういう二人の個性の違いゆえでしょうか。文化祭での「ミスターコンテスト」に孝輔さんが選ばれて、秀輔さんは「なんで、おまえは選ばれないの？」と友人にからかわれたこともあったのだそうです。

しかし、大学に入ってから、そんな秀輔さんに変化が訪れます。バスケットに夢中になって取り組んだ孝輔さんとは異なり、秀輔さんは文化祭で役員を務めたりアルバイトに精を出したりして、いろいろなことに挑戦していったのだとか。

そんな秀輔さんを見て、孝輔さんは「自分がいないときは秀輔もはじけるのだなと思った」といっています。「高校の時は自分がはじけていたので、秀輔は自分とのバランスをとっていたのかもしれません。」ふたごで一緒にいると、どちらかが積極的に振る舞うともう一人はバランスをとって控えめに振る舞うというようなことがあるというのでしょう。三橋さん兄弟にしても、和子さんと朋子さん姉妹にしても、性格の違いが微妙な違いというよりは、対照的な性格になるというかたちで現れているのも、ひょっとするとこうして無意識にバランスをとっていたということの結果なのかもしれないですね。

網中さん兄弟の場合も、やはり服の好みは似ているといいます。孝輔さんによると、結婚した今でも、自分が気に入った服を買うことができて嬉しくて興奮気味に秀輔さんに見せると、必ず秀輔さんも自分と同じように興奮して喜んでくれるのだそうです。また、二人ともスポーツが好きで、スポーツウェアへの関心のもち方なども同じなのだといっていました。

このように、ふたごの本人同士の間では、お互いの性格の違いをはっきりと認識しているもののようですが、おとなになって異なる環境に生活するようになっても、趣味趣向などの基本的なところでは似ている、という点はやはり否定できないようです。同じ基盤の上に、それぞれの個性が積み上げられてきたという感じでしょうか。感性や感覚的な嗜好は共通しているため、誰よりも理解しあえるという特別な親しさを感じつつ、性格面では異なる個性をもつ相手を認めあっている、というのが大人になってからのふたご同士の関係であるようです。

おとなになる過程では

このように、基本的な部分を共有しつつ、環境や立場の違いによってそれぞれの個性をしっかりと築いているみなさんですが、では、そのような個性が最も花開く時期である思春期にあたる中高生時代には、どのように成長してきたのでしょうか。

三橋さん兄弟は、二人揃って野球部に所属していました。小学生のころから二人で野球をして遊んでいたこともあって、最初から二人で野球部に入るつもりだったそうです。三橋俊夫さんは、東大附属の野球部の顧問を長年務め、退職されたあと、現在でも野球部にコーチとして教えにゆくほど、「三橋先生といえば、野球」というイメージが定着している方です。ところが、実は入部の時期は少し俊夫さんの方が遅かったのだとか。というのも、部活の説明会の時に俊夫少年は、数物部（数学・物理部）のロケットに惹かれてしまい、数物部に入りたいと思ったからだそうです。野球部は、他の部活との兼部が難しいため、両立はできません。その結果、ひと月遅れて俊夫少年は野球部への入部を決めたのだといいます。ふたごといっても、こんなふうにして異なるものに興味を惹かれることもあるのですね。

成績面ではそれほど力に差はなかったそうですが、体力は紀夫さんの方があったということです。「野球部で一人だけ投手のメニューをこなしていたから」と説明されたことからもわかるように、同じ部活に所属しても、部内での役割やポジションによって、二人の間に少しずつ違いが生まれてきたのでしょう。

部活以外の面では、東大附属ではふたごがたくさんいるので、ふたごであることを特別視されることもなく、また、お互いを比較されることもなかったため、のびのびと過ごしてきたといいます。「ただ、試験前になると順位がつくのが嫌だった」と俊夫さんは振り返っています。「相手に負けることが悔しいのですか?」と聞いてみると、「相手以外に負けるのも、悔しいんですよ」と笑っていました。きっとこれは紀夫さんも同じなのではないでしょうか。

網中さん兄弟も二人揃ってバスケット部に所属していました。孝輔さんによれば、「自分はサッカー部志望だったのですが、二人とも同じ部活の方が帰ってくる時間が同じなので都合がいいから、という理由で親に頼まれたんです」ということです。二歳年上のお兄さんがバスケット部だったこともあり、秀輔さんはもともとバスケット部の志望だったといいます。結果的に孝輔さんがサッカーをあきらめて入部したバスケット部でしたが、一対一の練習の時には、他のメンバーよりも、相手が次にどうするかの予想がつくのでやりやすかったり、タイミングを外さなかったりしたので、二人一緒にプレイすることは楽しかったといいます。

部活動も友人関係もずっと一緒だったからなのでしょうか。お互いに結婚し、それぞれ別の仕事に就いた今でも、「人間関係の作り方とか人とのつきあい方の姿勢も二人とも同じだと思います」と孝輔さんはいっていいました。今でも、相手の考えていることについては「何を考えているのだろう」と疑問を抱くのではなく、「きっとこんなふうに考えているのかなあ」というぐあいにある程度想像がつくのだそうです。

東大附属時代に育まれた人間としての基本は、二人の共有財産になっているようですね。東大附属時代にお互いを支えながらともに過ごしてきた二人は、勉強でも部活でも「相手が活躍したら自分もがんばろうと思った」「バスケも勉強も、だらけるのも一緒なら、一生懸命やるのも一緒だった」と振り返っています。そうやって、互いを刺激しあいながらともに成長してきたというのがよくわかります。

ただ、学生時代はお互いに貸し借りしながら同じ本を読んでいたという二人ですが、現在では秀輔さんは小説などの軽い本を中心に読み、孝輔さんはビジネス書や哲学書などの堅い本を中心に読んでいるのだとか。「仕事も違うし、別々の友人関係もあるので、これからは変わってくるのかな」と孝輔さんは語ります。就職してから一〇年経った二人ですが、これからますますそれぞれの個性に磨きをかけていくことになるのでしょう。

和子さんと朋子さんの場合はどうでしょうか。小さいころは二人とも恥ずかしがり屋で引っ込み思案だったそうですが、「東大附属では個性を大事にしてくれて、先生が自由に育てて下さったので、のびのび成長することができました」といいます。やはり、ふたごが多く、特別視されないこと、二人を比べられたりしないことを気楽に感じていたということでした。

しかし、二人は部活動では無意識に二人が別々の部に入ろうとしていたといいます。和子さんは吹奏楽部に入りましたが、やがて吹奏楽部をやめて自動車同好会、数物部に入り、朋子さんはバレー部に所属していましたが、和子さんが吹奏楽部をやめると自分が吹奏楽部に入る、といったぐあいです。自動車同好会には一緒に入っていた時期もあったようですが、基本的には無意識に別の部活に入ろうとしていたといいます。

東大附属のふたごたちの場合、二人揃って同じ部活に入るケースの方が、そうでないケースよりも多くあります。三橋さん兄弟も網中さん兄弟も同じ部活に入っていたのは先ほど述べたとおりです。この二組以外にも同じ部に所属しているふたごたちにその理由を聞いてみると「一緒に帰れるから」「親が同じ部活にするように頼まれたから」などさまざまなことをいいます。しかし、どのふたごたちもその様子を見ていると「二人で一緒にいることに安心感を覚えるから」というのがその根底にはあるように思えます。一年生で自分の所属する部を選ぶときには、まだまだ「一人で決断する」ということに不安を覚えることもあるのでしょう。二人一緒にいれば、そういう不安を感じなくてすみます。そういう意味では、お互いに依存しているから同じ部活を選ぶのだ、といえるのかもしれません。

では、このように同じ部に入るふたごが多い中で、和子さんと朋子さんが別々の部活を選ぼうとしていたというのはどうしてなのでしょうか。

「妹の方が成績はよかったですね」と振り返る和子さんは、「自分ではがんばったつもりなのに及ばなかったときは、すごく悔しい思いをしました。自分では勉強しているつもりなのに、理数では全然及ばなかったんです」といっています。やはり、理系に進んだだけあって、朋子さんの方が理数科目は得意だったようです。そんな朋子さんを前にして、和子さんはこういいます。「同じ遺伝子なのに……と思いました。それが、違う舞台に進むことに影響したと思います」。

それに対して、「私はきまじめなので、よく勉強したんです」と語る朋子さんは、「私は姉のようには思っていなかったと思います。自分は自分、という気持ちをもっていたんです。かえって、そういう私に姉は反発したのかもしれませんね」といっています。そう語る朋子さんから見ると、和子さんの方が甘え上手だったので、両親との距離が近く、いつも羨ましく思っていたのだそうです。そのため、「自分は姉よりも自立している」、と感じていたのだとか。このような秘めた思いが、二人を別々の部活へと入らせていたのかもしれません。

「クラスが別々だったのでそれぞれのクラスのお友だちが多かった」という二人には、「みんな知ってはいても、共通のお友だちはいなかった」のだそうです。「姉は幅広い交友関係がありましたけど、私は女の子四人グループで六年間進みました」。

まじめで成績がよく限られた数の友人を大切にする朋子さんと、広い交友関係をもち成績はぱっとしなくても活発に動き回る和子さん。東大附属時代のそんな対照的な二人の姿が目に見えるようですね。

両親の接し方は

こうして、三組の方々の話を聞いてみると、中高生時代のふたごならではの思いというものが少しずつ見えてきた気がします。和子さんと朋子さんの場合には、ご両親との心の距離といった微妙なものが二人の関係にも多少影響を与えていたのかもしれません。

では、ふたごのみなさんのご両親はそれぞれどのように接してこられたのでしょうか。

先にもご紹介したとおり、三橋さんの場合は、ご両親が俊夫さんを「兄」、紀夫さんを「弟」として育てたといいます。とはいえ、俊夫さんは二人の扱い方については「平等だった」と振り返っていました。「父親が子煩悩だったので、反抗期らしい反抗期はなかったですね」。それに対して、「弟」の紀夫さんは「私の方がかわいがられていましたよ」と笑っていらっしゃいました。ついでお父さんの子煩悩ぶりについて紀夫さんは、「一度、自分一人でグローブを買いに行ったら、父にひどく怒られたんですよ。寂しかったんでしょうね」と話してくれました。

そんな深い愛情を受けて育ったせいでしょうか、二人とも「長男、次男と扱いが違ってもおかしいとは思わなかった」といいます。「同じ人間なんていないんだから」。俊夫さんはそう答えています。「むしろ、二人で固まっていたので、末の弟の方がかわいそうだったと思います。ふたご以外に兄弟がいる場合には、むしろそちらをケアしてあげることが大事でしょうね」と気遣っていました。

一般的に、ふたごとそれ以外の兄弟がいた場合には、俊夫さんのいうとおり、ふたごでない子どもに特に心を配る必要があるといわれています。ふたごの下に弟や妹がいる場合には特に注意が必要です。弟や妹は、何かと年上のきょうだいの仲間に入れて貰いたいと思うものなのに、ふたご同士の絆がとても強いために、なかなかその中に入っていけないからです。

たとえば、一つの部屋でふたごとその下の子が三人で遊んでいる場合には、一つ部屋で一緒に遊んでいるのに、ふたご同士だけがおしゃべりをして盛りあがり、そのすぐ脇で年下の子が黙ってぽつんと取り残されている、そんな場面がよくあるのです。そうなると、年下の子が疎外感を感じてしまうことになります。ふたご同士はお互いが気にかけあっているので、そういう疎外感を感じることはほとんどないのだそうです。そのため、保護者としてはふたご以外の子に多く声をかけるなど、特に気にしてあげる必要があるというわけです。

同じきょうだいでも、ふたごの兄や姉の場合には、自分の方が年上であることから、ふたごの面倒を見てあげようとしたり、「自分は自分」と思って自分の世界を早く見つけていったりして、「ふたごから仲間はずれにされた」という思いはそれほど強くは抱かないようですが、やはりふたご同士のように密にコミュニケーションの取れる相手がきょうだいにいないことには、一定の寂しさを感じてしまうこともあるでしょう。

たとえふたごの側では年下の子を仲間はずれにしようなどとは思ってもいなくても、結果的に弟や妹を遠ざけてしまうようなことになっていた、ということが大人になると見えてくるのでしょうか。三橋俊夫さんが、「ふたご以外に兄弟がいる場合には、むしろそちらをケアしてあげることが大事でしょうね」というのは、子ども時代の自分たちの姿を思い出してのことだったのかもしれません。

ふたごにはできるだけ「平等」にと気を配り、それ以外の兄弟姉妹がいればそちらにはふたご以上に気を配る……。ふたごの親の気苦労は絶えないもののようですね。

和子さん朋子さん姉妹の場合も、ご両親はできるだけ平等にかわいがってくれたといいます。「一人だけひどく褒めるということはしなかったですね。さりげなく褒めていました。一人を褒めるともう一人も褒める、といった感じで気を遣ってくれていたと思います。大学受験の時も、二人とも合格が決まってからお祝いをしてくれました」。

和子さんは、当時のご両親の対応をこう振り返っています。「二人一緒だからとすべて同じ扱いをしてくれました。だから、姉妹の意識は全くないですね。すべて対等、といった気持ちです。」

「対等」に「平等に」育てながら、それぞれの個性を育んであげたいという思いからでしょうか。朋子さんにいわせるとご両親は「意識的に同じものを着せないようにしていた」ということです。二人が、やがてそれぞれの違いを主張するようになっていったことの背景には、こうしたご両親の細やかな対応の影響もあるのでしょうか。

「平等に扱う」とひと口にいっても、ご両親からすると大変なご苦労があったことを感じさせられるエピソードがあります。

綱中さんの場合、二歳年上のお兄さんも含めて三人が平等に扱われていたようです。幼稚園のころ劇の発表があったとき、お父さん一人しか参観に来られないということがありました。事前にそれを聞いた孝輔さんが、「親が来てくれないなんて、ひどい」といって泣いたのだそうです。そこで、お父さんは泣いた孝輔さんの発表を見にいかれたのだとか。すると、帰宅すると今度は、それまで我慢していた秀輔さんが「自分の方に来てくれなかった」といって大泣きしたのだそうです。それ以来、ご両親はきちんと二人で来て、それぞれを父と母で分担して見て、次の回は父母入れ替えて見にいく、という徹底ぶりだったのだといいます。

そのほかにも、おもちゃは色違いか同じものをそれぞれに与えてくれたなど、ご両親は細かいところまで気を配って「平等に」接していたのだそうです。

「そういうふうに両親が平等に扱ってくれたから、今の自分たちがあるのだと思います。本当にありがたいと思っています」。大人になった今、秀輔さんも孝輔さんもそんなご両親には心から感謝している様子でした。

ご両親のこうした苦労があったからこそ、ふたご同士がひがみ合ったり、憎み合ったりすることなく育っていくことができたのでしょう。大人になった今だからこそ、このようなご両親の気苦労に気づき、感謝する気持ちがいっそう強くなっているということもあるかもしれません。

別れ別れの道に

ここまでは、ふたごのみなさんが同じ環境に身を置いていた時期について見てきました。東大附属を卒業し、大学へと進学するといよいよふたりは別々の道を歩みはじめます。就職したり結婚したりして、次第に二人で過ごす時間が少なくなっていくのです。それぞれの道を歩きはじめたふたごのみなさんは、お互いをどのように感じていたのでしょうか。

三橋さんの場合は、二人別々の大学に進学したときには解放感を感じたといいます。二人は、大学で群馬と埼玉に分かれました。生活圏からして全く別々になったのです。その上、紀夫さんは野球部に入り、夏休みもほとんど帰省しないという状態だったそうです。これまでずっと一緒に過ごしてきたので、さぞや寂しかったのではないか、と思いきや、俊夫さんは、「生活圏が離れて気楽になった」といいます。

秀輔さんと孝輔さんの二人は、実は同じ大学に進学しました。しかし、先ほどもご紹介したとおり、大学時代には二人は全く別々に行動していたようです。

「授業もバイトも全く別々でした」。そう語る孝輔さんはまた、「大学で自分たちをふたごだと知らない人たちに苗字で呼ばれたときは、比べられていないと感じて、解放感がありましたね」といっています。二歳年上の兄とは口論になることはあっても、ふたご同士の間では意見の違いからけんかになることはなかったというほど、お互いに理解しあっていた二人でしたが、それでもやはり別々の世界をもち一人で自立することの喜びを感じられたようです。

先にも述べたように、秀輔さんはこの大学時代にさまざまなことに挑戦し、自己を確立していったことがわかります。ふたりそれぞれが、一人の人間として成長していくために、同じ大学に在籍しながらも、あえて別々の道を作り出していったということなのかもしれません。

和子さんと朋子さんの場合は、また少し違います。高校時代は、お互いに相手とは異なる道に進もうとしていた二人でした。和子さんは文系、朋子さんは理系に進み、大学も別のところに進学しています。和子さんは女子大の英文科へ、朋子さんは別の女子大の理科へと進んだのです。和子さんの進んだ女子大は、自立心を養い、個としての生き方を大事にしてくれる大学で、朋子さんの進んだ大学は良妻賢母の教育をする学校だったそうです。

和子さんの進んだ大学では、お友だちも飄々《ひょうひょう》としている方が多かったといいます。そんなことも関係していたのでしょう。周囲からふたごだと知られていないことに、やはり解放感を感じていたのだそうです。「二人が離れたということは、あまり意識しなかったと思います」。当時を振り返って和子さんはそう感想を述べていました。

一方、朋子さんは、高校時代には自分の方が自立していると思っていたといっています。しかし、いざ別の大学に進んでみると、自分がいかに和子さんに依存していたかに気づかされたのだそうです。「高校時代に反発していたので、別々の大学になってせいせいするかと思っていたら、戸惑いの方が大きかったんです。」――朋子さんはそう振り返ります。「依存していた」和子さんのいない寂しさから、ということもあったのでしょうか。朋子さんは大学時代の安保闘争では正義感に燃えて思想にかぶれ、ご両親に心配をかけた時期もあったのだとか。

「その経験を経て、やはり平々凡々がいいと思うようになりました」。笑いながらそう語る朋子さんにとって、この経験は和子さんへの「依存」を断ち切るために必要なことだったのかもしれません。

結婚したときは

大学を卒業し、就職し、結婚するとなると、お互いに新しい家族をもち、全く別の世界に入っていくことになります。それまでは、たとえ離れればなれに暮らしていても、同じような時期に同じような問題にぶつかることも多くあったことでしょうが、結婚となるとそれぞれの事情によって、抱える問題もまちまちになっていくことになるでしょう。

ふたごとして、ともに支え合ってきたふたりは、お互いが結婚し、別の家族の一員になっていくことをどんなふうに受けとめているのでしょうか。

三橋さん兄弟の場合、弟の紀夫さんの方が一年ほど早く結婚したのだそうです。医学部に進んでいた紀夫さんは、まだ大学院に在籍していたときのことだそうです。その時すでに俊夫さんは就職していました。

「紀夫さんの結婚をどんなふうに感じていましたか?」と尋ねたところ、俊夫さんは「別に、好みのタイプでもなかったし、何とも思いませんでしたよ」と笑っていました。一方、紀夫さん自身は、俊夫さんに対して「早く結婚しろよ」と思っていたのだそうです。どこかで、同じような速度で人生を歩んでほしいという思いがあったのかもしれません。

網中さんの二人の場合は、「兄」の秀輔さんが先に結婚しました。

「はじめは、秀輔が家を出て新鮮という感じでした」。孝輔さんは、こう語っています。しかし、今ではすっかり忘れていたようですが、その当時は「秀輔がいなくなって寂しい」といっていたのだそうです。一方、秀輔さんの方は、孝輔さんが結婚したとき、心からおめでとうと思ったそうです。振り返ってみると、二歳年上のお兄さんよりも、やはりいつも気持ちが通じ合っていたといいます。そのため、喜びもひとしおだったのでしょう。「何をやるにも二人一緒、けんかも二対一でした。兄は寂しいともいっていたほどです」。年の差のある兄弟とはまた違った思いが、ふたご同士の場合には感じられるのかもしれません。

和子さんと朋子さん姉妹の場合は、妹の朋子さんが一年ほど先に結婚されたのだそうです。「研究所に入社して一年半で結婚しました。それからすぐに子どもができてバタバタと忙しくなり、しばらくはふたごということを忘れていました」。朋子さんはそう話します。それに対して、和子さんは、「妹が結婚したときは、よかったなあと思いました。家庭をもつとふたごであることを忘れるけれど、電話では今よりもよく話していました」といいます。

実は、学生時代に知り合った二人の夫は、友人同士なのだそうです。

「二組の家族が一緒になって遊びました。子どもが大きくなるとなかなか会えませんけれど。……妹一家がカナダに赴任していたころには、カナダまで遊びにいったんですよ」。そう話して下さった和子さんは、「結婚して、そこでまたふたごの結びつき、心強さというものを感じました」と話してくれました。

一般的に姉妹同士の関係では、家族ぐるみのつきあいが盛んになることが多いようですが、二人の関係のようにご主人同士もお友だちとあっては、なおさら親交が深くなりますね。

還暦を迎えるころには

結婚して子育てをしているころ、あるいは社会人として仕事中心で生活している年代では、ふたごであることを忘れてしまうほどの忙しさから、ほとんど交流のない時間を過ごすふたごの方もいるようです。実際、就職して一〇年ほどの網中さん兄弟は、今は年に何回か会う程度で、それも高校の友人に会うときに会うというくらいだそうです。昔ほど二人で一緒に出かけることもなくなったといいます。

そうした時期を経て、子育ても終え、定年退職を迎えるころになったとき、ふたご同士の関係はどのようなものになってくるのでしょうか。

三橋俊夫さんは、「社会人になってからは、ふたごだということを全く意識しなくなった」といいます。「一緒に生活していた末の弟との方がよく話すようになった時期もあります」。ふたごといえども、やはり社会人として忙しい日を過ごす間は、お互いの存在も忘れてしまうほど疎遠になる時期があるのですね。

しかし、「定年退職してからは、双生児意識がまた出てきました」。そう語るのは、俊夫さんです。紀夫さんは今も現役で、大学で教鞭をとっていらっしゃいます。今では、二人で一緒にマラソンを走ることもあるそうです。「マラソンをともに走るのは楽しいですね。ライバル心がありますから」。そう話して下さった俊夫さん。還暦を迎えてもまだまだお元気です。年をとってもお互いに競い合う心は健在なのでしょう。

紀夫さんの方は、俊夫さんとは一緒に走るそうですが、他の人とは一緒に走らないのだそうです。「相手に気を使わなくていいところがいいんです」。長いこと会っていなかったとしても、やはり他の人とは違って心の隔たりというものは生まれない。そんな二人の関係が伝わってきます。

和子さんと朋子さんの場合も、「上の兄姉とは疎遠になっていますが、私たちは今でも月に二、三回、少なくとも月に一回は電話で話しています。気になり出したころにどちらかが電話をしてくる感じですね」と語っています。やはり、年齢差のあるきょうだい以上に、ふたご同士の結びつきは強いようです。「結婚してからだったか、大学に入ってからだったか、とにかく別々な道を歩みはじめたころから、それまで反発したり対抗心をもったりしていたのに、相手をよきサポーターだと感じるようになりました」。

和子さんのこの言葉から、たとえ一時的に対立したり反発したりすることがあったとしても、最終的には強い絆で結ばれた特別な相手になっていく、そんなふたご独特の関係というものが見えた気がします。

東大附属でともに過ごす中で、互いに競い合い支え合っているふたごたちも、このように一生わかり合える特別な存在をもっているのですね。そう思うと、ふたごでないみなさんもふたごに生まれればよかったとさえ思えてきませんか。

インタビューにご協力下さった、三橋俊夫さん・紀夫さん、古畑和子さん、大畑朋子さん、網中秀輔さん・孝輔さん、貴重なお話を聞かせていただき、ありがとうございました。

第3章　保護者からみたふたごたち

第1章では、東大附属に在学しているふたごたちのさまざまなエピソードを交えながら、ふたごたちはそれぞれにどのように互いの関係を築き、それぞれの個性を育んでいくのか、またそれを私たち東大附属の教員たちがどのような思いで見守っているのかについてお話してきました。

第2章では、卒業したふたごのみなさん自身に、ふたごであることをどのように受けとめ、お互いの個性をどのように認識し、関係を築いてきたのか、といったことをお話していただきました。長い人生の中で少しずつ互いの関係を変化させながらも、誰よりも自分自身に近しいかけがえのない存在としてお互いを認めあっていくという、ふたごの方々の独特の関係のあり方というものがおわかりいただけたことと思います。

卒業生のみなさんのお話からは、大人になって振り返ってみると、東大附属に在学していたころの自分たちの姿を相対化してとらえられるようになっていることが感じられました。また、どのふたごの方々もご両親がふたごたちへの分け隔てのない愛情を注いでいたことや、できるだけ自分たちを平等に扱おうというご苦労をされてきたことに深く感謝していることが伝わってきました。ご両親が二人に平等に愛情をかけてきたことが、ふたごたちの互いの関係にとっても大きな意味をもっていたということが推察されます。

では、現在東大附属に在学中のふたごの保護者のみなさんは、親としてどのようなところに気を遣いながらふたごたちを育てているのでしょうか。また、保護者のみなさんからみると我が子二人の関係はどのようなものにみえているのでしょうか。

そこで、東大附属に在学しているふたごの保護者のみなさんからみたふたごたちの姿や、ふたごたちへの思いについての理解を深めるため、アンケートを行いました。この章では、そのアンケート結果を交えながら、ふたごの保護者のみなさんの声を紹介していきたいと思います。

今回、アンケートにご協力くださったのは、本校に在学中のふたごの保護者を中心とするＰＴＡサークル「てぶくろの会」に在籍中のみなさんです。「てぶくろの会」には、現在七〇名ほどの保護者のみなさんが在籍されていますが、その中の五一名の方が回答を寄せてくださいました。

東大附属を知ったきっかけ

まず、本校に在籍中のふたごの保護者のみなさんが、どのようにして本校を知ったのかを聞いてみました。それを調べることで、ふたごの子育てということについてどの程度熱心に考えていらっしゃるかがわかると考えたからです。

東大附属では双生児を多く受け入れてきた長い歴史がありますが、特にどこかに双生児を斡旋《あっせん》してもらうような活動をしているわけではありませんし、双生児だけの学校というわけでもありません。また、学校規模も一学年三クラス一二〇人しか在籍していないこともあって、この学校の存在はそれほど広く知られているわけではないように思います。そのような本校を、保護者のみなさんはどのようにして知ったのでしょうか。

アンケートでは、本校を知ったきっかけについて、「本校のＨＰ」「知人」「親戚」「進学情報雑誌や塾」「小学校」「その他」の七つの選択肢から選んでもらいました。

その結果、本校を知ったきっかけとしては、「知人」（四四％）からの紹介が最も多いことがわかりました。また、二番目に多い「その他」（四二％）では、次のようなものが挙げられていました。

・双生児の育児支援を目的としたボランティア組織
・双生児に関する書籍、育児雑誌
・小児科の医師、保育関係者
・新聞、テレビ番組

ふたごの子育ては初めての方が多く、不安や悩みは尽きないものと思われます。そうした不安や悩みを解決すべく、周囲の人やボランティア組織に相談したり、双生児についての書籍や育児雑誌を手に取ったりして、ふたごを育てるためのよりよい環境を探そうとしたからこそ、本校の存在を知ったということなのでしょう。

不安が大きい分、積極的に情報収集をして、よりよい環境でふたごを育てたいという、ご両親の深い愛情を感じとることができます。

アンケートでは、本校の受検にあたり最終的に一番希望の強かったのは誰かについても聞いています。その結果、保護者の希望が五七%、子どもの希望が四三%となりました。中学入試では、一般に保護者の意向が強く影響するとはいいますが、やはり保護者のみなさんが本校に入れたいと考えられたケースが多かったことがわかります。子どもの希望、という選択肢を選んだ方の場合でも、本校の存在を保護者の方がお子さんに知らせた上での希望、ということなのでしょうから、実際には「子どもの希望」を選択した方の場合でも、保護者の方の希望がなかったというわけではなさそうです。

東大附属を選んだ理由

これまでみてきたように、東大附属の保護者のみなさんがふたごにとってよりよい教育環境を探そうと積極的に情報収集をしているらしいこと、受検を決める際にも保護者の意向が大きな割合を占めていることがわかります。では、こうした保護者のみなさんが本校を選んだのは、本当に「ふたご」であることを意識した結果だったのでしょうか。

そこで、本校を選んだ理由を「双生児であることは関係ない」「双生児の親仲間ができる」「双生児同士の友だちができる」「双生児が特別扱いされないと思った」「双生児が多くいることに興味をもった」「二人一緒の学校に通わせたかった」「その他」の中から選んでもらいました（複数回答可）。

その結果、「双生児であることは関係ない」を選んだ人は、五一名中わずかに四人しかいませんでした。逆に、本校を選んだ理由のうち、ふたごに関連する理由を選んだ人が非常に多かったことがわかりました。その中でも、最も多くの保護者に選ばれた理由は、「二人一緒の学校に通わせたかった」です。生まれてからずっと一緒で、特別な関係にあるふたごを同じ学校に通わせたいというのは当然のことかもしれません。やはり、親としてはふたごを平等に扱いたいという思いがあればこそ、同じ学校に通わせたいという選択に結びついたということなのでしょう。また、保護者としては同じ学校に通っていたほうが、保護者会や学校行事に同時に参加できるのでいろいろな面で助かる、という現実的な考えもあるのかもしれません。

一方、「双生児が特別扱いされないと思った」（三三人）や「双生児がたくさんいることに興味をもった」（二四人）という理由が、二番目、三番目に多いことからは、双生児の多い環境で双生児であることを特別視されることなくのびのびと育ってほしいという願いが感じられます。

できれば二人一緒の環境で育てていきたいけれど、二人が同じ学校にいれば、当然周囲からは「ふたご」として特別視される可能性は高くなります。場合によってはからかいの種になったり、不愉快な思いをしたりすることもあるでしょう。二人を同じ学校に通わせたいけれど、ふたごであることを特別視されたくない。二人が一緒にいることを自然なこととして受け入れてもらえる環境で、それぞれがのびのびと育ってほしい。そんな親心が感じられますね。

ちなみに、「双生児の親仲間ができる」ことを期待していた人は、一四人。子どもたちのことを第一に考え、親同士のことまで考えている人は、あまりいなかったようです。入学後、ふたごの保護者のサークルである「てぶくろの会」に入って、ふたごの保護者同士の交流ができてありがたいという声がたくさん上がっていますが、入学前からそういうサークルの存在を知っていた方はさすがにそう多くはいらっしゃらなかったようです。

二人を東大附属に入れて

では、実際に東大附属に入学してみたあとでは、そのような保護者のみなさんの願いは叶ったといえるのでしょうか。入学したあとの感想についてみていきたいと思います。

本校を選んだ理由のそれぞれについて、実際に入学してみてどうだったかを「予想通りで満足している」「概ね満足している」「予想とは異なり不満である」「不満である」の四つの選択肢で評価していただきました。

その結果、どの選択肢をみても、本校にふたごを入学させてみて「満足している」「概ね満足している」と感じている保護者の方がほとんどでした。

「予想とは異なりやや不満である」と答えた方は、「双生児の親仲間ができる」の中の一人だけでした。その理由としては、「自分に時間がなくて会になかなか参加できず、親同士の情報交換ができていない」というご自身の事情が挙げられていました。

以上のことから、本校を選んだ際に期待したことについては、ほとんどのふたごの保護者が満足していると考えてよいといえるでしょう。

先にみたように、たくさんの選択肢がある中で、「二人を東大附属に入れる」という選択をした保護者の方々の多くが、「双生児が特別視されない」と思ったことをその理由として選び、入学後その点について「満足している」と答えています。では、「ふたごが特別視されない」というのは、具体的にはどのような環境なのでしょうか。これについては、次のような点が挙げられています。

・教師も保護者も双生児の接し方に慣れていると思いました。（二年・男子、一卵性）

・小学校のころは、やはりふたごの弟とまちがえられたり、ふたごといわれてイヤだったということがあったりしましたが、今は全くないので過ごしやすいのであろうと思います。（三年・男子、二卵性）

・特異な目でみられることがなくなりました。二人が同一人物として扱われることがなくなりまし

た。（四年・女子、一卵性）

・二人で一つ、みたいな見方をされがちだったが（特に友だち）、一人一人を尊重されるようになったと思います。（六年・男子、一卵性）

二人で道を歩けば「あ、ふたごだ！」と指をさされ、電車に乗れば「ふたごなのね」と微笑まれる。小学校では全然知らない他学年の児童にも自分たちがふたごであることを知られている……。ふたごの生徒たちに聞くと、ふたごであることで注目されたエピソードがたくさん出てきます。一つ一つはたいしたことではないけれど、何回も続くともううんざり、ということもあったようです。

たしかに教員も生徒も、たくさんのふたごをみているため、見分けることに慣れているのかもしれません。特に生徒同士では、「見分けよう」という意識もなく、自然と別の人間として接しているように思えます。序章でみたように初めて受け持った教員がそっくりなふたごを見分けられないでいると、生徒から「全然違うよ。なんで二人をまちがえるのかわからない」といった言葉を聞くことさえあります。

このように、教員にも友だちにも二人を取り違えられたり同一人物ととらえられたりすることがなく、それぞれが一人の人間として尊重されることが、「ふたごが特別視されない」環境であると感じられているようです。

小学校までは、なかなかそういう扱いをされてこなかったことがわかります。一人一人を当たり前に別の存在として受け入れてくれる東大附属の環境に対する満足度が高いのは、このあたりに理由があるといえそうです。

では、次に、「双生児が特別視されない」ことがふたごたちにとって、どのようによい影響をあたえていると保護者のみなさんは考えているのでしょうか。それを考える手がかりになりそうなこんなコメントがありました。

・小学校の時よりも注目されること（ふたごだといわれること）が少なくなり、ふたごが多いことで親子ともに心強いことはたしかです。（二年・女子、一卵性）

・双生児がたくさんいるので別にふたごが特別なことではないと思えたらしく、ふたごで生まれても自分は自分という個性を主張しはじめたなあと感じました。（五年・女子、一卵性）

・他のふたごと接することにより、本人達が自分たちのふたごのあり方を肯定的にとらえるようになりました。（五年・女子、一卵性）

「ふたごであること」を特別視されないことで心に余裕が生まれ、ふたごであることを素直に肯定できるようになる。その結果、ふたごであるかどうかを離れて、一人の人間として個性を伸ばすことができる。保護者のみなさんのコメントからは、「ふたごであることを特別視されない」環境であるからこそ、ふたごであることを肯定的に受け入れられるようになり、ゆったりと一人の人間として個性を伸ばすことができるようになったと感じていることが読み取れます。

実際に、そのようなふたごたちののびのびと個性を伸ばしていく様子を伝える次のようなコメントが寄せられています。

・小学生の時の方が努めて「一人」であろうとしていたのではないかと思います。今は自然体。（二年・男子、二卵性）

・小学校ではほとんどひとりでいる時間がなかったのですが、中学生になって部活動、通学、友人との付き合いなど、別々に過ごす時間がグンと増え、落ち着いて自分の興味を推し進めていくようになってきました。（二年・異性、二卵性）

・別の友人と出かけることもあります。それでも平気になりました。自然にそれぞれの洋服の趣味がバラけてきました。（三年・女子、一卵性）

ふたごが何組もいて、しかもふたごは別のクラスにいるため、別々の友人として接することが当たり前になっている。すると、別々の友人として扱ってもらえるから、ふたごも自然と一人と一人になれるのだと思います。当然、ふたごであると思われるのが嫌さに無理に「一人」になろうとする必要もなくなるでしょう。

このようにして、一人の時間を作り、それぞれが別の友人と別の経験を積み重ねていくことは、自然とそれぞれの個性を形成していくことにつながるでしょう。自分の「興味」にしたがってひとりで探求してみること。仲の良い友人と影響しあいながら洋服などの趣味を形作っていくこと。そんなふうに、自然とふたごの相手とは異なる個性を育むようになると、あえて意識して「自分と相棒との違い」を作ろうと不自然な努力をして反発したりする必要もなくなるものと思われます。

それぞれ自立した「個」として育っていく様子を保護者のみなさんがきちんとみて気づいていらっしゃることが、これらのコメントからうかがえます。

もちろん、別々に扱われ、自立していくからといって、二人が疎遠になるわけではなく、同じ学校にいるので、自然と話をする時間をもつことになるという面もあるようです。こんなコメントもありました。

・東大附属に入学してから、クラスが別々なので、一緒に帰ってきたり、別々だったりしますが、共通の友だちがいるので話が通じるらしく、夕食時に一時間くらい、お互いのクラスで今日はあんなことがあった、こんなことがあったと現在でも時々二人で盛り上がっています。（五年・女子、一卵性）

・共通の話題である学校内のことで相談しあい、笑いあう姿がいつもみられます。（六年・女子、一卵性）

いずれも女の子のふたごのケースですが、お互いに別々の時間を過ごしたあとで、それぞれの経験を語り合い、互いの絆を強めている姿を保護者のみなさんはほほえましく感じていることと思います。

ふたごならではの悩み

これまでみてきたように、入学後の感想をみてみると、一人一人が独立した存在として自然体で過ごせるようになったというふたごたちの姿を目を細めてみつめている保護者のみなさんの温かい思いが伝わってきます。このようなふたごたちの姿は、年の違う兄弟姉妹と変わるところはないともいえそうです。しかし、そうはいっても、やはり年齢差のある兄弟姉妹と全く同じというわけにもいかないでしょう。

ここでは、ふたごをもつ親ならではの悩みやエピソードをご紹介します。

まずは、保護者としての悩みからみてみましょう。ふたごをもつ親としての悩みといえば、「平等」に扱うことの難しさが挙げられます。

「お姉ちゃんなんだから」「弟なんだから」――年の違う兄弟姉妹ならばこうして説得しやすいものですが、ふたごだとそうはいかない。洋服や食べ物はもちろんのこと、お手伝いも平等に半分こしないといけない、というふたごならではの悩みがあるようです。

大人になってみると、この「平等」に扱うということがいかに大変かということがわかってくるものです。前の章で、卒業生の網中さん兄弟や、和子さん朋子さん姉妹も、そのご両親の心遣いへの感謝を口にしていました。しかし、子どものうちは、そんな親の苦労にはまだまだ思い至らず、とにかく二人を平等に扱ってほしいと思うもののようです。実際にアンケートでもこのような回答がありました。
・すべてに平等を求めてくることが大変。たとえば、ゴミ出しの量・回数、洗濯物を干したりたたんだりする枚数、お手伝いの内容・回数などなど、なんでも同じにしたがります。（三年・女子、一卵性）

前章の卒業生のインタビューの中で、三橋さん兄弟の場合には「兄」「弟」と区別して育てられたというお話がありましたが、最近ではそのように区別して育てることはかなり稀なケースになってきているようです。だからこそ、より厳密に「平等」に扱うために、保護者の方が細かいところまで気を遣っていることがうかがえます。

実は、この「平等」に扱うということは、ふたご同士の間に能力的な優劣差をつけないためにもとても大切なことなのです。誰でも兄弟との間で「平等にしてほしい」という思いは抱くものですが、遺伝的に同じだからこそ、扱いの違いによって二人の間に違いを生んでしまうことには配慮する必要があります。どちらかにばかり手をかけてしまうと、もう一人の方の能力が開花せずに成長してしまう、ということが起こりえるからです。

年齢が上がってくると、あまりにも同じように扱われることにかえって抵抗を感じるようになる時期もあるようですが、中学三年生くらいまでは、何かにつけて「平等」にしてほしいと思うことが多いようです。というのも、一般的には、ふたご同士の間でお互いに相手のみを意識するのは三年生くらいまでだといわれているからです。それ以降は、集団の中での自分の位置を考えようとする方向に意識が向かうようになるため、周囲とのバランスを欠いてまで「平等」を求めるということに、かえって反感を抱くようになるのでしょう。

次に、ふたごたちの姿をみていて感じる、「ふたごだからこその心配」についてみてみましょう。まず挙げられたのは、お互いの存在が大きい分、二人だけの競争で終わってしまったり、自分と同じくらいのところにいる相手に安心してしまったりすることが心配という声です。

・二人の間のはりあいになり、レベルが低くなりがち。（四年・女子、一卵性）
・成績は他人との比較には興味がなく、二人の中でどちらが上下かにのみ重点をおいているのが心配です。（三年・女子、一卵性）
・将来について全く考えていない様子なのが気になります。お互い〝相手がいるから大丈夫〟と思っているのではと不安に思います。（二年・男子、二卵性）

お互いに相手を意識するあまり、他の人との間の競争はどうでもよくなり、相手に勝ちさえすれば満足してしまう、といったことがあるようです。相手を意識する気持ちが互いを高めあう形で発揮されるといいのですが、なかなかいつもそうはいかないのでしょう。どちらかが、何かのきっかけでがんばりだすと、急にもう一人も刺激を受けてがんばりはじめるということがあるものですが、親からすれば、そうでない姿をみてもどかしさに悩まされることの方が多いのかもしれません。

このような例は二人の間に差がないからこその悩みといえそうですが、逆に、勉強やスポーツの成績に差があったとき、それぞれにどんなふうに接するかも悩みどころです。

・成績に差があったとき、悪かった方を傷つけないようにすることに神経を遣います。（四年・女子、一卵性）

・大学受験で片方が希望の進路に進めなかったとき、どのように双方に接したらいいのか。喜ぶこともできないのは、合格した子にとってかわいそうだし、親としては複雑です。（五年・女子、一卵性）

親としては、二人に差がつくことで傷つけないように常に配慮しているということがわかりますね。東大附属には、推薦入試の際に双生児を二人組で受検、合格させる「双生児枠」というものがありますが、一般入試ではなくこの双生児枠で受検させた理由として、「一人が合格、一人が不合格になるのを避けたかった」ということを挙げる方もいます。

同じ学校にいるからこその悩みもあります。

同じ授業、同じテストを受けているから、本人たちもお互いの結果は気になるし、差があると、親も比べてはいけないと思ってもつい比べてしまいます。

また、思春期の複雑な感情の揺れが二人の関係に出てきて、同じ学校にいるのがつらい時期もあったと振り返る方もいます。「高校受験をして別の学校に行きたい」と一度はいったことのあるふたごたちも少なくないでしょう。しかしそんな時期を経て、ふたごは一層結びつきを強いものにしているのかもしれません。

たとえ二人の間に大きな差ができたとしても、それぞれを平等に応援し見守っていてあげることが大切なのではないでしょうか。ふたご同士の絆は、表面的には切れてしまったようにみえたとしても、実は決して切れることのないものだとさえいえるのです。もし、二人の間に大きな違いが生じ、深い溝ができたようにみえることがあったとしても、いつかきっと二人の間に強い絆がよみがえることになると思いたいものです。

友だち以上、きょうだい以上の関係？

では、ふたごの二人の関係は、親からみるとどのようにみえているのでしょうか。

生まれてからずっと一緒に育ってきたふたごは、年の違う兄弟姉妹よりも、同学年の友人よりも近い間柄といえるでしょう。そんなふたごたちの関係のあり方を感じさせるエピソードを紹介します。
・仲が良いとか悪いというより、互いに気にしあっている。小さいときから相手がいないと「○○は？」と尋ねる。（二年・男子、二卵性）
・小学校低学年の時、よくつかみ合いのケンカを学校でしていました。他の子とは決してそのようなことにはならないので、仲が良いのか、悪いのか、特別な関係だと思います。また、面白いテレビ番組やおいしい物があるときは、一人で楽しもうということは決してなく、もう一人を呼びにいきます。「一緒に」「半分こ」「順番に」という感覚がしみついています。（一年・男子、一卵性）

・何があってもまずふたごの相手に真っ先に話し、問題はできるだけ二人で解決しようとする傾向が強くあります。（五年・女子、一卵性）

・小学校低学年のころ、ふたごの一人が、クラスのある友人とうまくいかず困っていたことがあり、私も子ども同士のことで手が出せずにいたところ、関心のなさそうにしていたもう一方が、特に頼まれたわけでもないのに、突然その友人に話をしにいき、解決してしまったことがありました。（一年・女子、一卵性）

相手のことがまず一番に気になり、時には本気でケンカができ、大事な相談もできる。ふたごでない者にとっては、そういう相手がいることがうらやましくも思えます。

一方、後期生の保護者の方々からは、「一度はお互いを避けたり、距離が離れたりした時期があったが、成長して以前とはまた違う関係性を作ることができた」というエピソードが複数寄せられました。

・お互い、相方が夢中になってがんばっている習い事や部活動に、あえて興味を示さない。また試合などの応援にも行きたがらなかったり、来てもらいたくない（顔が似ているから恥ずかしい）といったりする関係でした。今は、お互いのがんばりを認めあい、応援したいという心が芽生えてきました。（四年・女子、一卵性）

・中学の時は、ライバル意識がとても強いかたちで出ていて、ぶつかり合うことも多くありました。高校になると違う部活動、個室をあたえられてか、お互いを認めあい、よき相談相手になっているようです。二人でよく話していることが多くあります。（六年・男子、一卵性）

・小学六年生の時、一人が「絶対に同じ学校には行きたくない！」といいだしました。最終的には二人で同じ学校へ行くことを選択しました。姉妹や友だちよりもっと近いふたごの母親になれてよかったと思います。（六年・女子、一卵性）

家庭だけでなく学校の中でも、日々変化しているなあと思うことは多々あります。必ず相手を待って一緒に帰っていたふたごが、待たずに一人で帰るようになった。休み時間にはしょっちゅう廊下で落ち合って一緒に遊んでいた姿がみられなくなった。連名で届いていた年賀状が別々に届くようになった……、ちょっとしたことでも、二人の気持ちが想像されます。

いつまでも、いつでも一緒、というわけにはいきません。成長とともに、二人の関係も変化します。どのふたごも、これまでさまざまな思いや経験を経て今の関係を築いているし、これからも変化していくでしょう。どんな変化を経ても、二人が「ふたごでよかった」と思えるように成長していってほしい。そんな親心が感じられますね。

コラム・「似ている」ことの面白さ

今井康雄

二〇一〇年四月から一二年三月までの二年間、東大附属の校長を務めた。東大附属といえばふたごの学校、という通念は世間にも相当浸透していて、「ふたごが多くて戸惑いませんか（どちらがどちらか区別がつかなくて）」というような質問を受けることも、校長在任中はけっこうあった。この質問に対する答えはなかなか微妙である。校長という職務を遂行する上では、戸惑うことはほとんどないといってよい。校長として集会などで話をするときには、対象はあくまで「全校生徒」である。これに対して、競技会で優れた成績を挙げた生徒を集会で表彰するとき、あるいは生徒のことで何か心配な問題が持ち上がったとき、対象となるのは固有名や個別データで特定される個々の生徒である。どちらの場合でも、ふたごがいることで（区別がつかなくて）混乱することはない。ところが、現実にはとまどう場面も出てくる。たとえば、昨日の校長室での話の続きのつもりで話しかけたら、「？」と怪訝な顔をされる、といった場合である。私は、姉のつもりで妹の方に話しかけてしまったわけである。

校長室に話をしにきてくれた生徒たちの顔をいま思い返してみると、ふたごの子たちの印象は相当に強い。いちばん最初に新米校長の校長室のドアをノック――これには相当勇気がいったのではないかと想像するが――して入ってきた生徒がふたごの姉で、開口一番の彼女の言葉は今でも記憶に新しい。「特別用事はないんですけど、私は今六年生で卒業式のときには校長先生から卒業証書をもらうでしょう？　誰だかよく知らない人からもらうのは嫌だから話にきました」というのである。校長として話をするとき、私はできるかぎり自分の言葉で語ることを心がけたつもりだった。しかしそんな「全校生徒」向けの言葉だけでは、私は彼女にとって「誰だかよく知らない人」のままだったのである。だから彼女は私と何かしらパーソナルな関係を築こうと校長室を訪ねてくれたわけだが、そのことによって、私の方は彼女をふたごのもう一人と取り違える可能性をもつことになった。彼女を固有名や試験の成績で知るだけなら、私は彼女を誰かと取り違えることなど決してなかっただろう。

「似ている」ことがとまどいを引き起こすような問題となるのは、こうしたパーソナルな関係の領域においてである。全体や集団を相手にするだけなら、あるいは逆に固有名や個別データを相手にするだけなら、私たちは「似ている」者たちの世界と関わることはない。私たちは往々にして、個別性や固有性に注目することで相手をよりよく知ることができると思いがちである。だから教育の領域でも、個別的データの集積が推奨されたり、一人一人の「かけがえのなさ」の尊重が叫ばれたりする（遺伝子データはこの両者——個別性と固有性——を統合するものと想定されているのかもしれない）。しかしこれは錯覚ではないのか。相手を知るということは、相手を誰かと取り違えてムッとされたりする、そういう関係のなかに私自身も取り込まれるということなのではないか。ふたごの生徒たちとの関係は、私にそうした単純だが重要な事実を教えてくれたように思う。私たちが現実に住んでいるのは、みんなが同じ顔をした集団の世界でも、一人一人がまったく別の顔をした単独性の世界でもなく、その中間にある「似ている」ものの世界であり、教育はそうした中間的な世界に根づいているように思われるのである。

（いまい・やすお、日本女子大学人間社会学部教授、東京大学附属中等教育学校前校長）

II

双生児研究の周辺

ここではふたごについての研究をいくつかご紹介します。第1章は、双生児研究の歴史について、第2章では、特にふたごたちの学力について、つづく第3章では、身体の発育発達という観点からのふたごについての研究をまとめました。

第1章　双生児研究の歴史

ふたごのイメージの始まり——研究の歴史をさかのぼって

今日の社会では、ふたごが珍しいと興味をもたれることはあっても、特別な差別や偏見を受けることはありません。しかし、時代をさかのぼると、洋の東西を問わず、差別や偏見、誤解が社会に根強く存在していました。

世界の神話伝説には、ギリシアのアポロンとアルテミス、ローマ建国のロムルスとレムス、日本の海幸彦と山幸彦（このお話は三つ子ということになっています）など、ふたごがしばしば登場します。さらに有名なところでは、ふたご座になったギリシア神話のカストルとポリュデウケスがいます。これらは、ふたごのなかに超自然的な力を認め、ふたごを神の子としてあがめ、あるいは悪霊の子として恐れた古代人の信仰が、神話に投影されたものといえます。時代が下るなかで、ふたごを吉兆として歓迎する場合と、不吉だとみなす場合との二つの受けとめ方がされるようになっていきます。

不吉だとみなされた理由は、一度に複数の子どもが生まれるのは動物と同じだからであるとか、悪霊や呪術師の仕業であるからだとかいう考えからです。このような社会（日本も）では、ふたごはそのどちらかあるいは両方が、殺されるか社会的排除をされました。これとは逆に、ふたごは神のたまもの、多産の象徴であるとされ、祝福する地域も多くありました（アフリカのスーダン、ウガンダ）。こうしたふたごに関する習俗は、ふたごが生まれることの多いアフリカ社会に多くみられます。

その後の日本の歴史においても、ふたごに対する迷信や差別は根強く存続しました。たとえば、ふたご栗やふたごのみかんを食べたり、蜂の巣をまたぐとふたごが生まれるといったことが信じられていました。東北地方では、ふたごが生まれた時に再びふたごが生まれないようにするため、父親がすぐ屋根に登って叫ぶという風習が昭和初期まで残っていたといいます。

現在の日本では、そういった迷信の多くは消えました。日本の近代化と民主化が進み、封建的な制度慣習がなくなっていくにつれて、ふたごがのびのびと育つ環境も整えられてきて、ふたごに対するイメージも大きく変わりました。実際に、さまざまな分野で第一人者として活躍している人が、ふたごであるという場面も多く見受けられるようになりました。

ふたごに対するイメージが変わってきたもうひとつの背景として、ふたごという存在への関心が強まり、その科学的な研究が深まってきた点も見逃せません。

ふたごの研究の始まり――海外から

そもそも「ふたごの研究」を始めたといわれているのは、イギリスのゴールトン（Galton, F., 1822-

1911）です。彼は主に質問紙調査による研究を行い、その結果の二つのことがらから双生児研究の先駆者と呼ばれるようになりました。まず、「ふたごの研究」をすることが、遺伝と環境の関係性という問題を解決する手がかりとなることを、初めて指摘したということが挙げられます。一八七五年に発表された「氏と育ちの相対的な力の評価としての双生児の歴史」（"The history of twins, as a criterion of the relative powers of nature and nurture"）という論文でその指摘がなされました。この論文は、アンケート用紙をふたごとその家族に送り、既往症や趣味・興味の共通点などの相似についての質問の回答を集め、まとめたものです。そこで「ふたごの研究」が人間の個人差をつくるうえで「氏と育ち」（nature and nurture）、つまり、遺伝と環境のどちらがどのくらい働いているかという問題を解決する手がかりとなることを初めて指摘したのです。

また、もうひとつのことがらは、ゴールトンは親子の身長の関係や同一人物の身長と体重の関係の程度といった二種の特徴を数量的に表す方法の工夫をしたということです。この着想は、弟子のピアソン（Pearson, K.）によって「相関係数」として示されるようになり、これらが、現代の心理学の個人差研究や心理測定の基本を築いたともいわれています。

日本のふたご研究に大きな影響を与えたのがドイツのゴットシャルト（Gottschaldt, K., 1902-1991）です。彼は、主に行動観察による研究を行いました。第一次世界大戦後、ベルリンのダーレムに「カイザー・ウィルヘルム人類学・人類遺伝学・優生学研究所」という研究所がありました。このなかには遺伝心理学の研究部門があり、ゴットシャルトはふたごの研究をここで計画し実施しました。彼は、合宿生活のなかで双生児の行動を観察するという方法で研究をしています。いわゆる「双生児合宿」といわれているものです。一九三六年から三八年にかけて、合計三回の合宿を行っています。一回目は、一卵性二〇組、二卵性一二組、異性一六組、合計四八組によるもので、参加したふたごたちの年齢は四歳から一四歳でした。二回目は、一卵性四七組、二卵性四三組、合計九〇組で、参加したふたごたちの平均年齢は一〇歳八ケ月でした。三回目は、一卵性四八組、二卵性四〇組、異性一組、三つ子一組、合計九〇組の参加でした。いずれも組数や期間からしてもかなりの大規模なものでありました。合宿期間中は、知能検査や質問紙調査はほとんど行わず、いろいろな課題を与えてどのように解決するかといった問題解決能力が問われるような観察がされていました。それにより、たとえば、「根本気分」「固有テンポ」「活動性」「対人態度」「抽象思考」などについて、ふたごの相互間の類似や相違が観察され、評価されています。

ゴットシャルトの研究は、人間の心の構造の解明を目的としたもので、その研究の基礎になった考え方は、層理論と呼ばれるものです。この学説では、心の構造を木の年輪のようなあるいは地層のような層をなすものと考えます。そして心は内側から外側に、深層部から表層部にかけて積み重ねられるように発達するものととらえられています。そのうえで、心のどのような働きが層全体のなかでどのように位置づけられているかを明らかにしようとしていきます。そのような研究をするために、ふたごが対象とされました。

ゴットシャルトの研究の被験者となったふたごたちは、その後、一九五〇年、一九六五年に重ねて研究に協力し、ゴットシャルトの死去後は、ミュンヘンのマックス・プランク心理学研究所長のヴァイネルト教授たちによって、半世紀以上にもわたる長期的な研究が続けられました。そのため、その研究が終わるころには、始まった当初に一〇歳前後だったふたごたちが、六〇代以上になっていました。また、最初は九〇組一八〇人いたふたごのうち、四三名が戦死を含めて死去、消息のわからないものが一一名となりましたが、一二六名ものふたごたちが、最後まで協力したといいます。この合宿は、それまでの双生児研究の方法とは大きく異なり、多くのことが明らかにされたようです。

アメリカでも「ふたごの研究」が活発に行われています。古いところでは児童心理学者のゲゼル(Gesell, A. L., 1880–1961) の古典的研究が有名です。彼は、幼い一卵性のふたごに階段登りの実験を行い、運動技能が成熟による発達のものなのか、訓練によって学習されるものなのかということを論じました。

日本のふたごの研究の始まり

日本における「ふたごの研究」は、戦前に心理学の小保内虎夫の研究と解剖学の谷口虎年《たにぐちとらとし》の研究から始まりました。小保内は主に心理的な遺伝に関して、谷口は主に身体の形態的な遺伝に関して研究をしました。そして、東京帝国大学医学部の精神医学者である内村佑之《うちむらゆうし》は、行動観察によるふたごの研究を行いました。一九四二年八月に長野県軽井沢で双生児合宿が行われたのがその始まりです。ゴットシャルトの双生児合宿の研究を参考にして行われましたが、それに比べると期間も短く、参加したふたごも十数組と規模の小さいものでした。しかしながら、精神科の医師たちによって詳細に行動観察がなされ、心理学的な実験もされています。

一九四五年以降は、ふたごに関する研究が、東京大学精神医学教室と脳研究所（脳研究所自体は一九四二年より双生児の研究を始めていました）を中心に組織的に行われるようになりました。そのきっかけはドイツ留学中に双生児の研究に深い印象と関心をもった内村と、昭和一〇年代からずっと双生児研究を重ねてきた吉益脩夫《よしますしゅうふ》とがともに在職していたことにあるようです。双生児に関心を寄せる二人が、遺伝と環境の問題を取り扱うために、共同研究を始めたといいます。この二人の出会いが日本における組織的なふたご研究を生みだしたのです。

また、戦後間もなく沼津でも「双生児合宿」が行われました。さらに東大の脳研究所の井上英二《いのうええいじ》を中心にした研究グループが、東大附属中学校のふたごたちと野尻湖、山中湖などで生活を共にし、いろいろな実験や日常生活の観察を行いました。また、井上はこれ以外にも、一九四六年から医学部の附属の研究施設である脳研究所で、ふたごの遺伝と環境の作用を解析する研究を行っています。このようにして、性格が一卵性と二卵性のふたごでどのように似ているか、または似ていないかということを考察した研究が重ねられていったのです。

東大附属の双生児研究

そのような双生児研究の歴史の流れのなかで、東大附属でのふたごの研究は始まりました。

その歴史は、一九四七年に東大文学部教育学科の仲新《なかあらた》が脳研究所の井上に、「七年制の［旧制］東京高校を東大の附属実験校にするために、双生児研究によって教育の効果を実証したいので協力してほしい」という依頼をしたことから始まりました。東京大学教育学部附属学校は、旧制の東京高校をさまざまな実験学校に改組することを当時の文部省から条件として与えられて一九四八年に発足した学校です。そのような学校として発足する理由には、日本の敗戦から教育による社会の再興を願う風潮が起きつつあったという時代的背景が大きく影響しています。その流れのなかで、この学校をどのような学校にするのか、日本の将来の教育研究に寄与する学校とするためには何をなすべきなのか、という熱い議論の末、ひとつの方針として提起されたものが双生児研究だったのです。

双生児研究に東大附属が協力することになった理由はいくつかあります。ひとつは、教育という環境の効果を双生児研究で実証するということは重要な課題であるととらえたことでした。そして、正確な卵性診断のもとに可能なかぎり選択をされていない（当時は学力差を生まないという学校の方針で、入学者選考は抽選のみでした）多数のデータを収集することで、より全般的で普遍的な結論を得ようとすることが、東大附属という環境で可能になると考えたことによるものでした。

こうして、一九四八年から始まった東大附属における双生児研究は、脳研究所の人々をはじめとして、東大教育学部、医学部、理学部などの関係者による東京大学双生児研究委員会のもとで進められました。この当時から現在に続く入学時の卵性診断いわゆる「特別検査」が始まっています。

その後、一九五一年には、文部省〈当時〉より科学研究費を得られることとなり、「文部省科学研究費総合研究双生児研究班」〈略称、双生児研究班〉が結成されました。これにより卵性診断等の研究費を賄えることになりました。この研究班は、一九六一年まで続きました。その流れのなかで、東京大学教育学部、医学部、文学部心理学科、理学部人類学科などのほか、東京文理科大〈現、筑波大〉、慶應義塾大、東京医科歯科大などいくつかの大学を含めた組織によって、総合的な研究を行ってきました。

一九五二年には研究者らの要望により、それまで一卵性のみを募集していたところから、二卵性も入学させることとなり、それに伴い、志願者が急増しました。そして、ふたご研究の分化や方法の再検討とともに、いくつかのテーマにしぼられつつ研究が維持されていき、今日に至っています。この間、東大附属は、ふたご研究に必要な基礎的資料を提供するとともに、独自の教育研究のテーマを設定し、ふたご研究に取り組んできました。

ふたご研究が立ち上がって以来、東大附属において卵性診断を任されていた双生児委員会〈ふたご研究の発足当時の双生児研究委員会〉は、二〇〇九年より東京大学教育学部附属中等教育学校双生児特別検査実施委員会として改組されました。現在は、同委員会のもとで卵性診断検査が行われています。これらの調査や検査は、保護者と本人に事前にその主旨をよく説明し、承諾を得たうえで協力してもらっています。

二〇〇六年までは、東大附属の教員も上の研究班とは別に、主体的にふたごの研究グループをつくり研究活動を行ってきましたが、二〇〇七年以降は学校の分掌のひとつとして双生児研究委員会が位置づけられ、外部からの研究協力依頼の手続きと東大附属内で行われていた性格検査など、さまざまな研究を請け負うようになりました。それらの研究は、主に「双生児による研究」という方法にそって進められてきています。

東大附属でこれまで行ってきたふたごに関する教育研究のテーマを以下に挙げてみます。

・「兄姉的性格と弟妹的性格」
・「性格形成に及ぼす級風の影響」
・「双生児による人格形成」
・「一卵性双生児各対の学力差による資料」
・「学力の六ケ年追跡からみた双生児の類型」
・「双生児の高校卒業後の実態調査」
・「双生児の心身発達における遺伝的要因と環境的要因の相互作用に関する研究」
・「青年期の双生児の人間関係に関する研究」

特に継続して行われてきた研究課題は、ふたごの成績における対差の分析と、ふたごの人間関係に関する調査・考察です。一卵性のふたごでは遺伝的要因は同じと考えられるため、対差がみられた場合、この差が何によって生じたものなのかをさまざまな点から明らかにしていこうというのがこの研究の目的なのです。

また、さまざまな調査研究を進めていくうちに、それらの諸結果と成績の対差とを関連させて分析することが必要ではないかということになりました。性格が成績と関係があるのかないのか、あるとしたらどのように関係しているのかということについて、さまざまな意見や仮説が出されました。しかし、こういう性格であれば成績は伸びる、といったような単純な結論は容易に見いだせませんし、人間の能力はさまざまですから、数値化することには限界があります。したがって、「このような傾向があるのでは」、といった程度の推論を導きだすことが現時点での研究の結論になっています。

「青年期の双生児の人間関係に関する研究」というテーマのもとに、ふたご相互による意識や親の対応、友人関係などの内容を含むアンケートを一九九〇年度と九一年度に、東大附属に在籍するふたごとその両親、卒業したふたごを対象として実施しました。このアンケートは、幼児期、児童期、中学、高校生期のふたごだけでなく、卒業し社会人として生活しているふたごにまで対象を拡大して、ふたごとして生きてきたうえでのいろいろな問題を調査したもので、かなり画期的な取り組みでした。

このように、東大附属の双生児研究は、長い歴史をもち、研究テーマも多岐にわたり、蓄積された資料もたくさんあります。それらは、機会あるごとに論文としてまとめられ公表されてきました。今後はさらにそれらの研究を進めていくとともに、より多くの人々に、ふたごの研究を知っていただく努力をしていきたいと考えています。

ふたごの研究は、まだまだ十分であるとはいえません。双生児研究の意義がもっと広く理解され、新たな研究方法が確立され、豊富な資料が蓄積されて、研究がさらにいっそう進むことが望まれます。

参考文献

天羽幸子(二〇〇八)『新ふたごの世界』ブレーン出版。

井上英二(一九八四)「サー・フランシス・ゴールトン――ふたごの特集にあたって」『遺伝』三八巻二号、四―五頁。

井上英二(一九八七)「日本におけるふたご研究の歴史」『遺伝』四一巻六号、四七―五二頁。

双生児研究委員会(二〇〇五)「東大附属における初期双生児研究の歴史(井上英二先生講演記録要旨)――双生児入学特別検査の経緯を中心に」『東大附属論集』四八号[一般論文]、七三―七七頁。

詫摩武俊・天羽幸子・安藤寿康(二〇〇一)『ふたごの研究――これまでとこれから』ブレーン出版。

第2章　双生児の特徴と学力

1　遺伝と環境

ヒトはさまざまな能力や特徴をもっていますが、その能力や特徴は、生れたときからもっているものなのでしょうか。それとも、後天的に育まれてきたものなのでしょうか。大きく論じると、ヒトの能力・特徴は遺伝と環境の双方から影響を受けていると考えられています。しかし具体的なある能力や特徴が遺伝によるものなのか、それとも環境によるものなのかを知る（見分ける）ことは、じつは非常に難しいことなのです。

たとえば、バッハの家系は代々音楽家を輩出してきました。この事実は、音楽に関する才能が代々遺伝的に受け継がれてきたと考えることができるかもしれません。しかし、小さいころから音楽一色の生活を送っていたために、音楽に関する高い能力を身につけたということもできるように思えます。

このように、確かにヒトは遺伝と環境から影響を受けているのですが、その影響の強さをそれぞれ明らかにすることは簡単にはできないのです。

2　遺伝子と形質

さて、遺伝といえば「メンデル」です。メンデル（Mendel, G. J., 1822-84）が研究したエンドウマメの特徴（形質）は、種子では「しわ」と「丸」、「黄色」と「緑色」などでした。そしてメンデルはこの形質を説明するのに「遺伝子」という概念を導入し、成功したといわれています。

しかし、ヒトの場合はこうした「○」と「△」というような、はっきりと区別（分類）できる形質は少なく、図1の身長の分布のように連続的なものであることが多いのです。

このような形質の分布について「遺伝子」はうまく説明できません。

しかしここであきらめずに、形質を決める遺伝子が多くなったらどうなるかを考えてみることにします。まずは、一種類の遺伝子の場合です（図2）。

おそらく読者の皆さんは、理科で遺伝の勉強をしたときに、このような表（図2）を見たことがあるのではないでしょうか。

続いて、二種類の遺伝子の場合です。

二種類の遺伝子によって決まる形質場合の遺伝子の組み合わせの種類は九種類です（図3）。三種類の遺伝子による場合は二七種類となります。このようにして、異なる遺伝子が形質に対して等しく影響すると仮定すると、遺伝子の種類が増えていけば、組み合わせの分布は正規分布（図4）と呼ばれる左

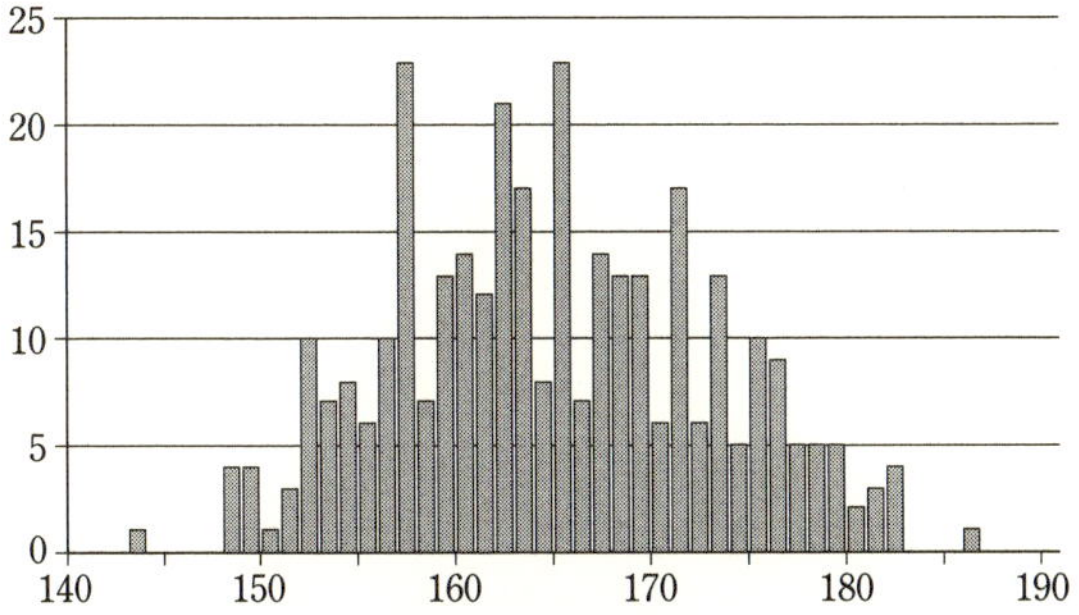

図１　身長の分布

（東大附属前期課程生徒の身長の分布）

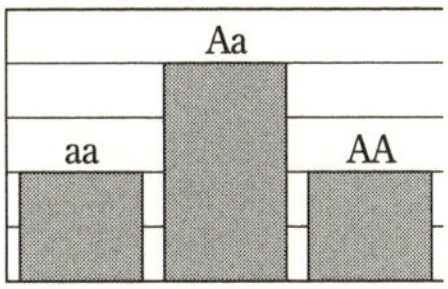

図２　１種類の遺伝子によって決まる形質の場合

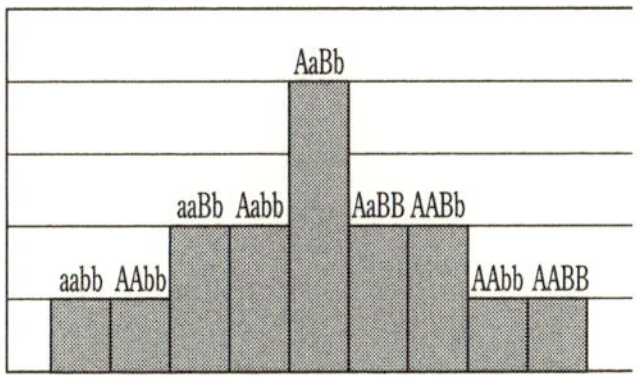

図３　２種類の遺伝子によって決まる形質の場合

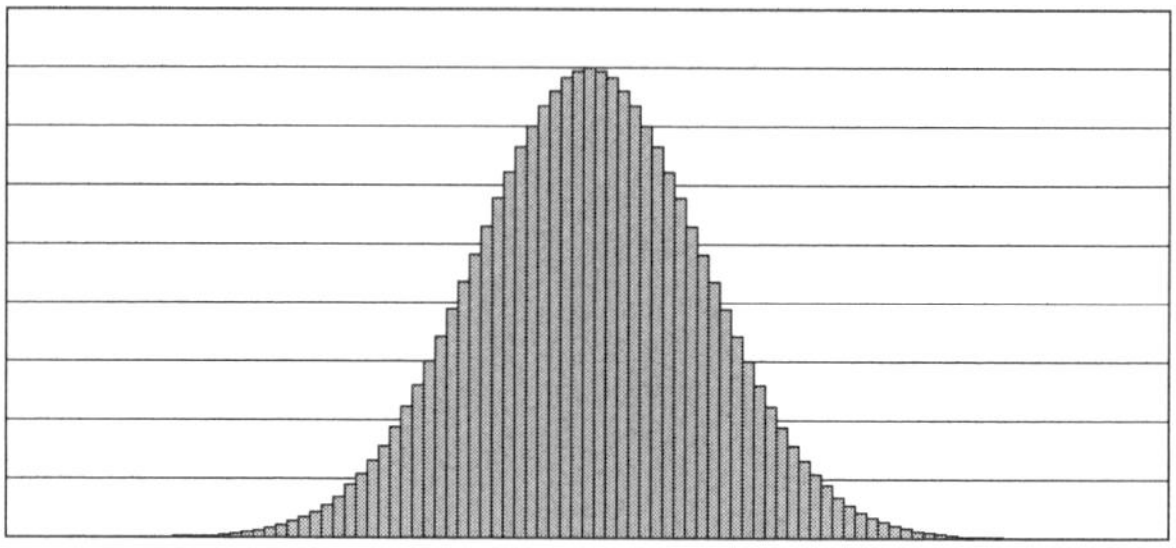

図４　正規分布

右対称の穏やかな山形の分布に近づいていきます。

また、多くの形質は二つ以上の遺伝子からの影響を受けることも考え合わせると、たとえば、二〇種類の遺伝子がそれぞれ四種類の対立遺伝子をもてば、組み合わせの種類はおよそ一〇〇億にもなるのです（安藤《あんどう》寿康《じゅこう》、二〇〇〇より）。

そこで、多数の遺伝子の影響が加算されて形質として現れると考えると、連続的な形質の分布をうまく説明することができます。このような遺伝に対する考え方を加算的遺伝（additive genetic）と呼びます。

３　双生児法（双生児統制法）

では、ヒトのさまざまな特徴の、遺伝による影響はいったいどれくらいなのでしょうか。ここに興味深いデータがあります。さまざまな研究で報告されている、「血縁もなく異環境で育った者同士」「血縁はないが同じ環境で育った者同士」「異環境で育ったきょうだい」「同環境で育ったきょうだい」「二卵性双生児」「一卵性双生児」という関係の二人の間のＩＱ（知能指数）の相関係数を集めて、図表にしたものです（図５）。

やはり、双生児の相関は高い、つまり似ている、ということがわかります。しかし双生児の相関は高いといっても、一卵性双生児と二卵性双生児ではやはり違います。

この「遺伝の違いによる相関の違い」を利用して遺伝からの影響と環境からの影響の強さを調べるための最も理想的な方法が、一卵性双生児と二卵性双生児の遺伝の違いによる相関の違いを利用する、双生児法（双生児統制法）です。

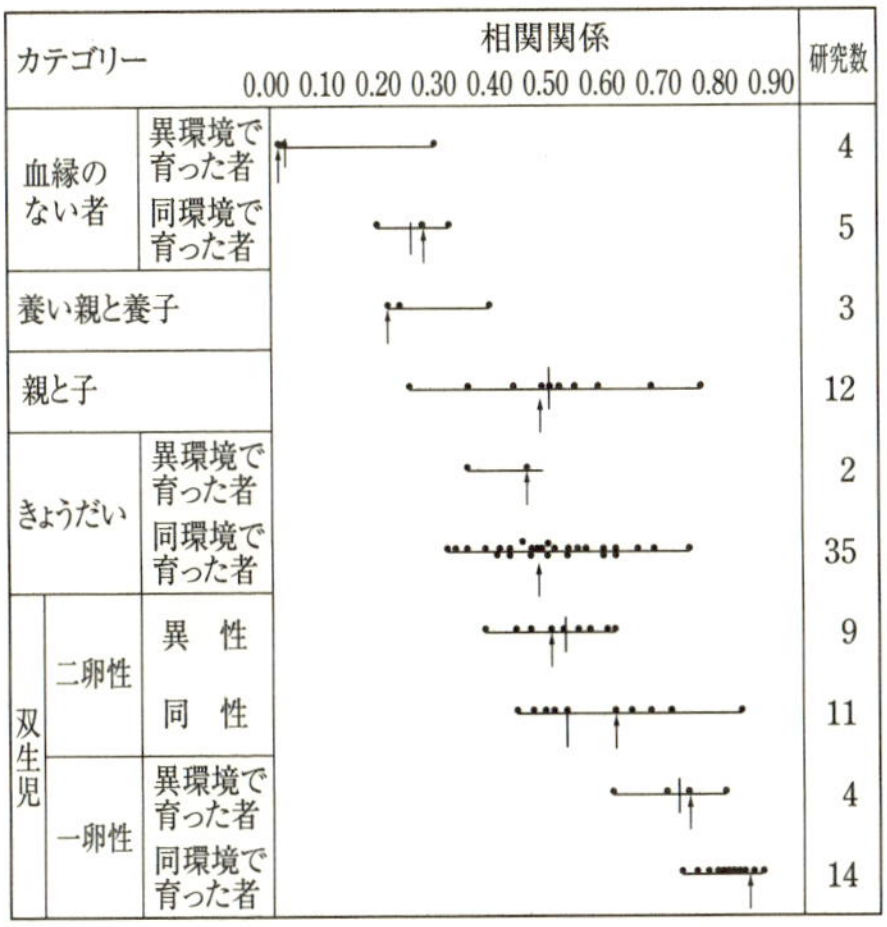

図５　さまざまな関係者間の相関係数
（安藤、2000より）

一卵性双生児は、ペア間の遺伝子が全く同じ（相関係数一・〇、つまり類似度一〇〇％）であるのに対し、二卵性双生児のペア間の遺伝子の類似度は〇％から一〇〇％までさまざまですので、平均すると五〇％（相関係数〇・五）と考えることができます。双生児（統制）法とは、このような特徴をもつ一卵性双生児のグループと二卵性双生児のグループを比較し、その差に着目していく研究法です。

ごく簡単に、双生児（統制）法の考え方を説明してみます。一卵性双生児（遺伝子の相関係数一・〇）と二卵性双生児（遺伝子の相関係数〇・五）の遺伝からの影響の割合の比は二対一ですから、類似度に対する「二卵性双生児の遺伝からの影響の割合」は、「一卵性双生児の遺伝からの影響の割合」の半分である、と言い換えることができます。だとすると、図6のように、ある形質についての一卵性双生児と二卵性双生児の相関係数の差を二倍すれば、その形質に対する遺伝からの影響の割合を求めることができることになります。

また、もともと一卵性双生児は遺伝と環境を共有しているのですから、一卵性双生児が別々の人格であることを決定づけているのは、一卵性双生児の異なっている部分（非共有環境）、図6でいうと「e」に相当する部分ということになります。

このようにして、双生児のデータから、遺伝と環境の影響を見積もることができます。

たとえば、身長については、一卵性双生児のペア間の相関係数は〇・九一、二卵性双生児では〇・五六というデータがあります。このデータと図6をもとに考えると、相関係数の差は、〇・九一－〇・五六＝〇・三五ですので、身長に対する遺伝からの影響の割合は、〇・三五×二＝〇・七〇つまり、七〇％ということになります。一卵性双生児のｆペア間の相関係数は〇・九一ですから、非共有環境からの影響の割合は、一・〇－〇・九一＝〇・〇九つまり、九％であり、共有環境からの影響の割合は、一・〇－（〇・七〇＋〇・〇九）＝〇・二一つまり、二一％であるということになります。

このような原理に基づく双生児（統制）法を用いて、ヒトの代表的な環境の一つである学校教育の影響（効果）を明らかにすることを目的として、東大附属は、前の章で紹介したように、創立二年目（一九四八年）以来およそ九〇〇組の双生児を入学させてきた、世界でも類を見ない「ふたごの学校」なの

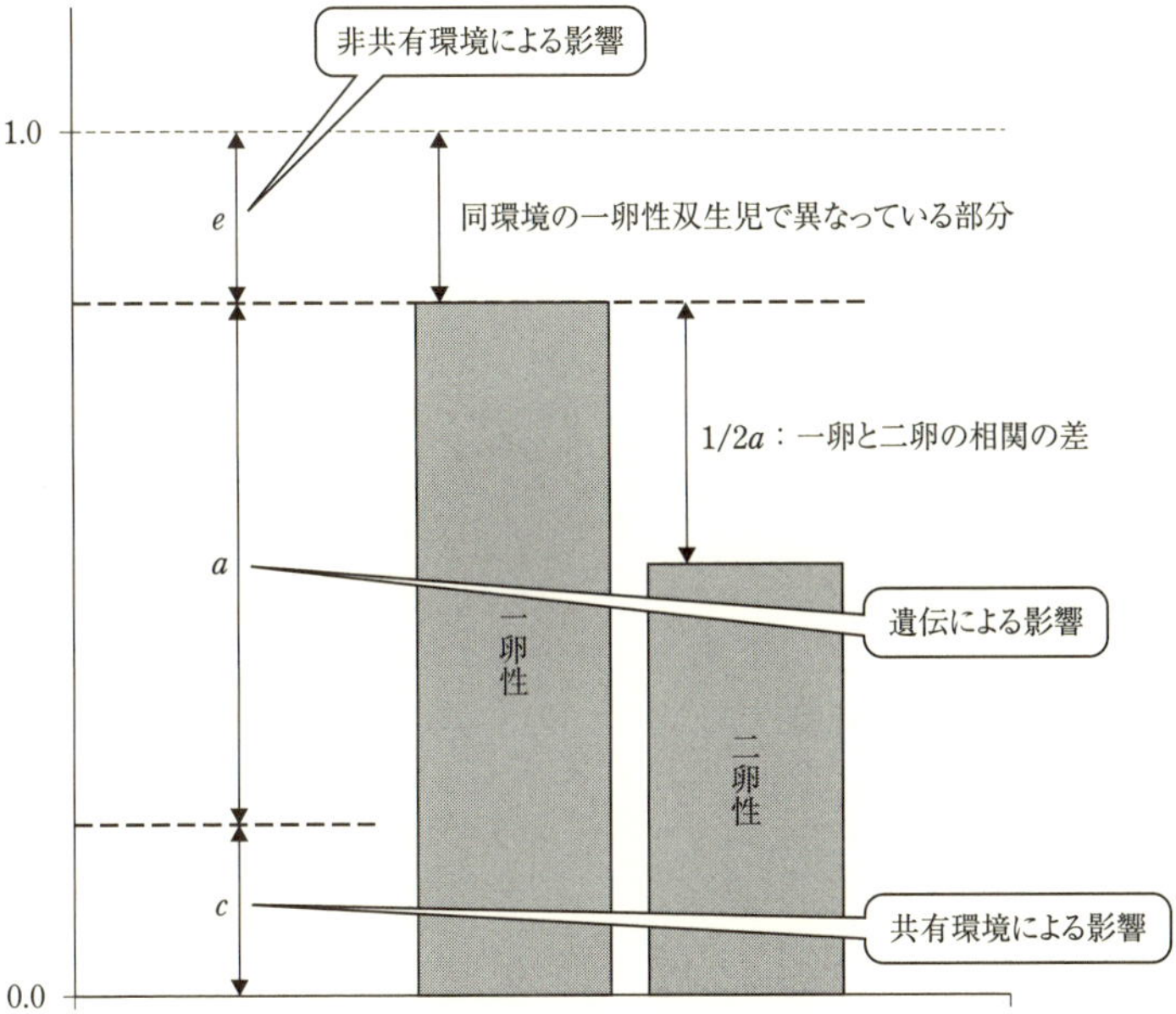

図６　双生児統制法の考え方

です。

４　遺伝ACEモデル

同じ環境で育てられた双生児のペアに関して遺伝からの影響と環境からの影響を単純に図示すると、図７のようになります（東大附属では先に生まれた者をA児、後から生まれた者をB児と称しており、図中のA、Bは、A児、およびB児を表しています）。

しかし図７は左右対称となってしまっており、二人を判別することができません。ましてや、一卵性双生児の場合、「A児の遺伝」と「B児の遺伝」は同じですから、一卵性双生児のペアの二人はまったく同じ人間ということになってしまいます。一卵性双生児のペアは確かに非常によく似ていますが、別人格の二人の人間です。つまり図7のモデルでは、一卵性双生児の二人がそれぞれ異なる人間であることを説明（あるいは、表現）することはできません。

そこで、「環境」を、双生児として同じ家庭に育ったり同じ扱いを受けるということに代表される「共有環境（common environment: C）」と、担任・部活・友人が違ったりするなど、それぞれ別々にもっているはずの環境である「非共有環境（non-shared environment: E）」に分けて考えてみます（図8）。このモデルは、前述の、たくさんの遺伝子の影響が加算的な影響を及ぼすと想定した加算的遺伝（additive genetic: A）を想定しているため、図8のモデルは遺伝ACEモデルと呼ばれています。

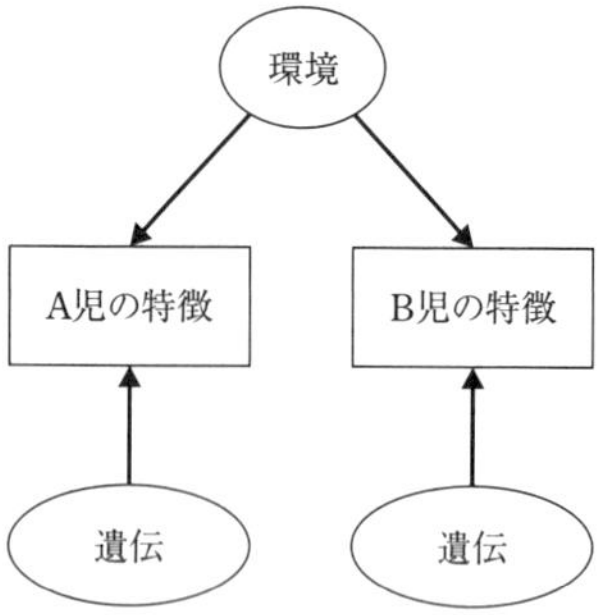

図7　双生児の遺伝と環境
（不完全版）

図8では、非共有環境（E）とは、A児をA児のようにさせている（B児とは異なる）環境を表しています。また、矢印に付随する文字a、c、eはA、C、Eそれぞれからの影響割合を表わすものとし、xは双生児ペアの遺伝子の類似度を表しており、一卵性双生児の場合は一・〇、二卵性双生児の場合は〇・五です。また、非共有環境にはさまざまな誤差も含まれています。

この遺伝ACEモデルによる分析を行うことによって、身長・体重などのほか、知能指数・テストの得点のように、数値表現できるヒトの連続的に分布する形質に対する遺伝と環境からの影響

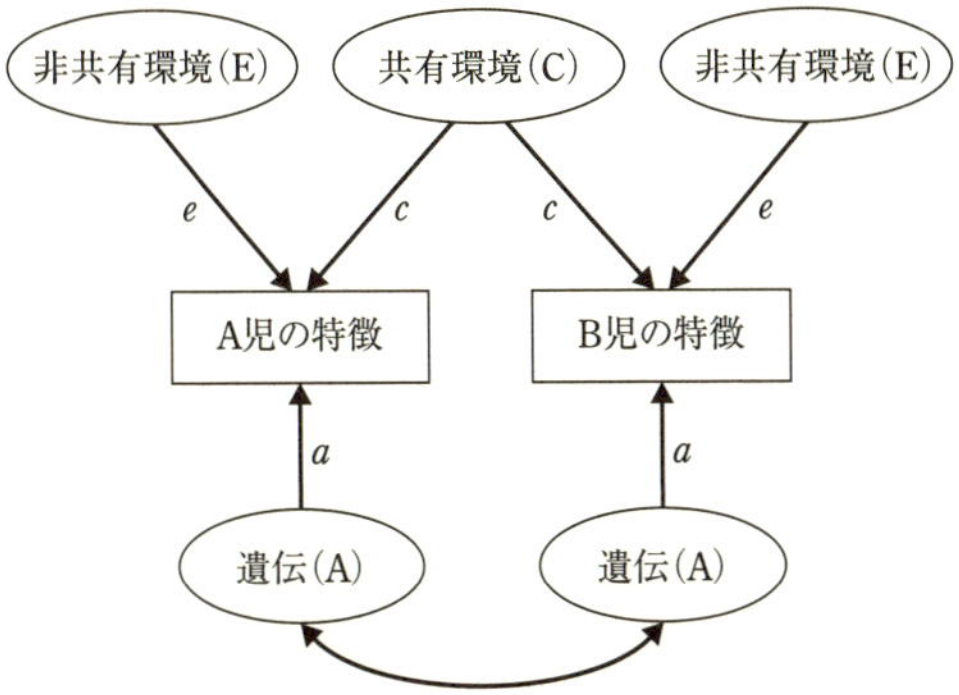

図8　遺伝ACEモデル

割合を見積もることができます。

このような分析方法によって、具体的にはどのような結果が得られたのかについて概観してみることにします。

たとえば、豊田《とよだ》秀樹《ひでき》の論文（一九九七年）には、オーストラリアの双生児を対象に四種類の疾患（ぜん息、花粉症、埃アレルギー、湿疹）の罹患歴を調査し、ACEの観点から考察した結果が紹介されています（表1）。

この四つの疾患に共通していることは、共有環境要因の影響割合が小さいということです。つまり、「一緒に住んでいるがゆえに発症する疾患、とはいえない」ということがわかります。

また、同じ豊田の論文には、双生児（女性）の単位期間あたりのアルコールの飲量の分析も紹介されています（表2）。

この論文では、「日常生活で我々が感じている親子の類似性は、大まかにいうと遺伝要因と共有環境要因の和であるから、『Aさんが飲んだくれなのは家系だ』という印象は、六〇％（＝二一％＋三九％）ということになる。しかし、遺伝によって規定されているのはわずかに二一％であり、酒飲みの家族から隔離したり、

表1　さまざまな疾患の遺伝ＡＣＥモデル分析結果（%）

	遺伝（A）	共有環境（C）	非共有環境（E）
ぜん息	44	14	42
花粉症	58	0	41
埃アレルギー	50	3	47
湿疹	54	4	41

（豊田、1997。丸め誤差の影響で、和は正確に100%にはなっていない）

表2　アルコールの飲量の遺伝ＡＣＥモデル分析結果（%）

	遺伝（A）	共有環境（C）	非共有環境（E）
アルコールの飲量	21	39	40

（豊田、1997）

表3　知能・体重の遺伝ＡＣＥモデル分析結果（%）

	遺伝（A）	共有環境（C）	非共有環境（E）
知能	52	34	14
体重	80	0	20

（安藤、1999）

禁アルコール教育をしたりする余地が七九%（＝三九%＋四〇%）もある、という可塑性を示唆」しているという知見を得ることもできる、と述べています。教育の可能性は、まさにここにあるわけです。

また、安藤寿康の別の本（一九九九年）には、知能と体重に関する分析例が紹介されています（表3）。

ところでこの本には、別の分析例においてIQへの遺伝および環境からの影響割合は年齢とともに変化していく、という研究報告が紹介されています。すなわち、「遺伝から影響を受けている」ということの意味は「運命的なもの」「変化させようがないもの」ではなく、「その時点での遺伝要因からの影響」ということを示しているということなのです。

5　遺伝ACEモデルによる学力テストの結果の分析

東大附属では、入学直後に、小学校での学習内容の範囲の標準学力テストを実施しています。ここでは、一九八一年から八八年に入学した新入生に対して行われた標準学力テストの結果を遺伝ACEモデルによる分析を行った、村石幸正・豊田秀樹の論文（一九九八年）を紹介します。

分析対象者・東大附属に一九八一年から八八年に入学した新入生。

測定方法・日文式MRT中学校全国標準学力検査E形式の実施要領に従い、当該学力診断検査を集合回収形式で実施。

測定時期・各当該学年の入学式翌日および翌々日。

データ数・表4を参照。

結果・表5を参照。

また、各教科の下位領域ごとに詳細なモデルを用いて分析した結果を表6に示します。この分析では、誤差は分離するようにしています。

表5の分析結果で特徴的なのは、理科の科目の中で物理は、化学・生物・地学と異なった要因構造をもっているようだということです。

ところで、数学は遺伝からの影響は少ないという結果が出ていますが、同様な分析が行われている外国と比較すると、ドイツでも同様に遺伝からの影響は少ないという報告があります。ところが、アメリカとオーストラリアでは、遺伝からの影響が大きいという報告があります。これはどうも、小学校での算数教育の違いによるものなのではないかといわれています。このように、教育のカリキュラムが異なると分析結果も異なるということもあるようです。

ところで、学校教育における学習に対しての遺伝と環境からの影響の強さが明らかになったとして、それがどのような意味をもつのでしょうか。その情報をどのように利用できるのでしょうか。

もちろん、このような疑問に答えていくのはまだまだ先のことなのかもしれません。しかしたとえば、中学校理科の天体の学習はどの学年に配置したらよいのかという学習指導要領上の課題に対し、空間認識などの天体の学習に必要な項目に対して環境からの影響が最も大きくなる時期を明らかにすることにすることによって、学習指導要領への提言をするなどができるのではないかと考えています。

表４　被験者数

双生児	一卵性	男子	44 組	88 名
		女子	56 組	112 名
	二卵性	男子	6 組	12 名
		女子	5 組	10 名
		異性	13 組	26 名
	小計		124 組	248 名
一般児		男子		361 名
		女子		340 名
	小計			701 名
	合計			949 名

表５　教科の得点の遺伝ＡＣＥモデルによる分析結果（％）

	遺伝（A）	共有環境（C）	非共有環境（E）
国語	0	96	4
社会	71	23	6
数学	0	82	18
理科（除く物理）	81	0	19
物理	0	47	53

表６　各教科の下位テストの説明率（％）

		遺伝（A）	共有環境（C）	非共有環境（E）	誤差
国語	漢字理解	0	61	3	37
	語句理解	0	3	0	97
	文法理解	0	33	2	65
	読解力	0	14	1	85
社会	地理	34	11	3	53
	歴史	41	13	4	43
	公民	31	10	3	56
数学	数と計算	0	13	3	84
	量と測定	0	23	5	73
	図形	0	25	6	69
	数量関係	0	26	6	69
理科*	化学	44	0	11	45
	生物	36	0	8	56
	地学	19	0	5	76

＊理科は物理を除く（丸め誤差の影響で、和は正確に 100％にはなっていない）

（表４～６、村石・豊田、1998）

［注1］類似性の度合い。値が小さいと類似性は低く（似ていない）、大きいと類似性は高い（似ている）。

参考文献
安藤寿康（一九九九）『遺伝と教育』風間書房。

安藤寿康（二〇〇〇）『心はどのように遺伝するか』講談社ブルーバックス。

豊田秀樹（一九九七）「共分散構造分析による行動遺伝学モデルの新展開」『心理学研究』六七巻、四六四―四七三頁。

村石幸正・豊田秀樹（一九九八）「古典的テスト理論と遺伝因子分析モデルによる標準学力検査の分析」『教育心理学研究』四六号、三八五―三九二頁。

第3章　心身の発育・発達

中学・高校生期は、心身の発達がもっとも顕著な時期で、「子ども」から「大人」へかわる過渡期にあたります。それは、一般的には、「思春期」と呼ばれているものです。身体的には、身長の伸び率は女の子では小学生後期に、男の子では中学生期にピークをむかえ、その後に高校生期にかけてほぼ成人の身長水準に達するといわれます。身長の発育が盛んなこの時期には、成長ホルモンの分泌が盛んで、二次性徴や性成熟にかかわる性ホルモンの分泌も増加し、女の子は皮下脂肪がつきやすくふくよかなからだつきに、男の子は骨格や筋肉が発達し男性らしいからだつきに変化をしていきます。また、この時期は、体力・運動能力ももっとも発達する時期でもあり、とくに中・高校生期は、呼吸循環機能の指標とされる最大酸素摂取量（全身持久力）や瞬発力のもととなる筋パワーの増加が男女ともに顕著となります。

では、このような成長の著しい時期のふたごの二人の体格・運動能力は、どのように発達していくのでしょうか。ふたごと一般児の体格・運動能力の差、また二人の類似度の差について東大附属のふたごたちをもとに、その様子をみていきましょう［注1］。

1　データによるふたごの分析

ふたごの体格における発育率

思春期の双生児男女の発育・発達が一般児とくらべ、どのような発育率にあるのかをみるために、二〇〇一年から〇九年の九年間にわたり東大附属で蓄積してきたスポーツテストデータをもとに、双生児（東大附属に在籍した双生児男女――男子双生児三五七名、女子六〇二名――合計九五七名）と、全国の同年代の中・高校生（二〇〇〇年度から〇八年度文部科学省調査「体格調査結果」「体力・運動能力調査結果」の全国中・高校生男女、合計一四万九五六七名――男子七万四九〇八名、女子七万四六五九名）、および東大附属の生徒（前期課程一年生から後期課程六年生〔中学一年生から高校三年生に相当〕までの生徒男女、のべ六一〇〇名）の体格、体力・運動能力について、比較検討を行いました。ただし、この調査の双生児を含む対象者の東大附属生について、以下のことをお断りしておきます。

・六年間継続して教育が行われている中高一貫校に通う対象者であるため、一般の中・高等学校のように三年間ごとに区切られる教育環境と運動実施環境が異なります。

・ここで述べる東大附属の双生児、一般児（双生児ではない生徒を東大附属ではそのように呼んでいます）は、二〇〇一年度から〇九年度の在籍者を対象としているため、完全な横断データではなく、複数の年月齢で同一個人のデータを利用し、また、今回の研究では双生児を対としてではなく個人として扱い、その成長を一般児集団と比較しています［注2］。収集したデータの分析方法として、双生児と全国平均値、東大附属生との比較では、文部科学省の二〇〇〇年度から二〇〇八年度体格調査結果（平均値）と体力・運動能力調査結果（平均値）を基準値として解析し、全国の平均を標準偏差を用いて、正規化したTスコアを求めました。

データを分析した結果、双生児と全国平均値ならびに東大附属生との比較では、男子双生児の身長・体重が、ともに全国の一般児および東大附属の一般児（同じ大都市内の環境下に生活）よりも多少下回り、女子双生児においても、体重が男子と同様に全国の一般児および東大附属の一般児（同じ大都市内の環境下に生活）よりも下回る傾向にあるということが示されました。これはおそらく学童期の発育率（発育速度）と関係があるのではないかと考えられます。

発育パターンには、年齢順に、乳児期と幼児期における急激な増量、児童期の比較的安定的な増量、思春期スパートにおける急激な増量、最終身長に至るまでの増量と四つの相があります。体重は成人まで増加を続けます。児童期はその二つめの相にあたり、身長の発達が思春期スパート前でもっとも遅くなる時期にあたります。これまでの調査（浅香《あさか》昭雄《あきお》、大木《おおき》秀一《しゅういち》ら）では、発育率の急激な増量にあたる乳幼児期から学童期末というもっとも発育率が遅くなる時期に調査・分析を終えていました。その二つの相にあたる期間内で、双生児の身長・体重が一般児集団とほぼ同じ水準に追いついたために、「回復をした」という結論に至ったのではないかと推測できます。しかし、その後の思春期スパート時の双生児の身長・体重を経年的に追跡し、双生児の発育率をまとめたものはなく、そのためこれまでに双生児の思春期の発育率を知るものがありませんでした。そのような中で、双生児の思春期における発達加速度において、男子双生児の身長と男女双生児の体重の項目が、一般児にくらべ比較的穏やかな増量で発育・発達する傾向にある、と考えられた今回の調査の結果は新たな知見であるといえます。

しかし、ここで女子の場合のみ、男子とは別に考えておく必要があると思われます。なぜならば、仮に、双生児は男女ともに総体的に体格は一般児よりも下回るということであれば、これまでの報告を含め女子の身長も低くなければなりません。しかし、女子双生児の身長は、一般児と同等またそれ以上の水準にある（高い傾向にある）とされているからです。これは、渡辺哲司《わたなべてつじ》の論文（一九九六年）が「大都市で生活する子どもの体格が大型化するという特徴が東大附属男女（双生児を含む）にみられる」と述べているように、社会経済状態（経済、教育、栄養、健康に関連した資源）の住居地域の影響が、女子双生児にもあてはまり、身体が大型化したのではないかと推測できるからです。そうであるならば、双生児の発育パターンには、一般児の男女の性差による発育のしかたとは別に異なった双生児特有の性差、言い換えるならば、思春期双生児の二次性徴発現による男女の成長ホルモンの分泌差による発育パターンがあるのではないか、と考えられます。しかしながら、これらの要因については、医学的根拠があるわけではなく、あくまでも推測にすぎず、この体格の特徴は東大附属の双生児においてのみいえることかもしれません。そのため、すべてのふたごたちにあてはまるとは一概に言いきれないところがあります。

ふたごの体力・運動能力の六年間の推移

幼少期から児童期にかけては、身体の大きさが運動パフォーマンスに与える影響は大きいといわれています。しかし、思春期の身長および体重と、運動パフォーマンスとの相関は一般的に低く、年齢、身長、体重は、パフォーマンスのばらつきの、ほんのわずかしか説明ができない範囲にあります。これは思春期の発育スパートの時期や性成熟などの生物学的な成熟状態のほうが、それらよりも大きな影響を及ぼしていると考えられるためです。また、思春期女子では、生物学的および社会的要因が運動パフォーマンスに与える影響が大きく、思春期に生じる身体組成の変化、とくに体脂肪量および体重あたりの体脂肪量の両方の増加が、相関を低くしている原因の一つと考えられています。それに加えて、思春期の時期に起こる身体活動に対する興味や思考の変化が、スポーツテストに対する女子の動機づけを弱くしているともいわれています。また、運動能力の中に占める基礎運動能力の割合と、体格や年齢の貢献度が、齢を経るにしたがい減少すること、発達変化は未分化な状態から次第に分化する方向に向かうことが、松浦義行《まつうらよしゆき》・中村栄太郎《なかむらえいたろう》（一九七七年）の論文によって明らかにされています。この説を双生児男女のケースにあてはめたならば、体格が一般児に比べ下回るからといって、運動パフォーマンスが低いということにはならないということがいえます。しかし、それ以前に樋口満《ひぐちみつる》・水野忠文《みずのただふみ》らが東大附属の男女各六〇名と男子一卵性双生児一三組（二六名）、女子一卵性双生児一六組（三二名）とを比較した調査の報告「双生児の身体発育発達に関する縦断研究」（一九七六年）によれば、「一般児（東大附属男子）と比較して、男子双生児は、体格および運動能力の平均値が、全般的に劣っていた。女子については、体格では一般児（東大附属女子）より優れていたが、運動能力では一般児よりむしろ劣るか、あるいはほぼ同じであり、体格が優れている割には、運動能力がそれほど発達していないということがわかった」（三五二頁）と述べています。これは、生活環境が大都市であるという点については現在も変わりありませんが、当時と今回との測定対象者数の違い、時代的変化による社会環境や栄養状態、生活様式の違いにもよるのではないかと推測されます。したがって、双生児男女の身体サイズが、同年代の一般児にくらべ下回る傾向にあったとしても、体力・運動能力（運動パフォーマンス）の優劣に影響を及ぼすとは限らないということがいえるのではないでしょうか。

そこで、本章で行った全国同年代の一般児および東大附属一般児とふたごについて、体格と運動能力の関係をスポーツテストの結果から分析しました。その結果では、男子双生児は前期課程一年生では、長座体前屈、持久走、立ち幅跳び、ボール投げにおいて有意に低い傾向にありましたが、握力、上体起こし、反復横とび、五〇メートル走は、六年間をとおして全国平均とほぼ同様の傾向にありました。これは、全身筋力、筋持久力、敏捷性、持久力、走力、柔軟性において、全国の同年代の男子の発育・発達と差がないということになります。しかし、その一方で立ち幅跳び、ボール投げにおいては、全国平均値にくらべ六年間にわたり有意に下回るという結果が出ています。

双生児女子については、学童期終了時および東大附属入学当時から、体力・運動能力において全国平均値と差がなく、後期課程になるととくに反復横とび、持久走、五〇メートル走において有意に高くなるという結果が得られています。これは敏捷性、持久力、走力において、全国の同年代の一般児より優れているということになります。しかし、男子双生児と同様に、立ち幅跳び、ボール投げにおいては、全国平均値にくらべ六年間にわたり有意に下回るという結果でした。

こうしてみると、男女の特徴として共通して、立ち幅跳びとボール投げが通年にわたり全国平均に比べ下回る傾向にあるということになります。この現象は文部科学省による調査報告と一致するところがありました。文部科学省「全国体力・運動能力、運動習慣等調査報告書」（平成二一年度）によれば、中学生期の地域規模別の状況では、大都市ほど、男女の握力、反復横とび、女子の立ち幅跳び、ハンドボール投げは、種目別平均値が低くなる傾向にあるとされています。また小学生期では、大都市ほど男女の握力、反復横とび、ソフトボール投げ、女子の二〇メートル・シャトルラン、立ち幅跳びは種目別平均値が低くなる傾向にあるとも報告がされています。宮下充正《みやしたみつまさ》の論文（二〇一〇年）では、投力は男子で七歳から九歳で、跳躍力は六歳から八歳でもっとも伸びるため、「跳」「投」の能力は、低年齢の時期からその使用の習慣化を図ると、思春期に体力・運動能力が高められる可能性があるとしています。しかし、ボールを投げるような広いスペースが必要とされる運動は、大都市の住居地域ではほぼ無理に近く、そのため双生児を含む東大附属生は、典型的な現代の都市型的運動能力バランス傾向をもっているといえます。

つまり、双生児だという理由が、瞬発力（脚力）、投力の能力が低いということにつながるようにはならないということです。したがって、以下の傾向を示したということになります。

・男子双生児の傾向として学童期終了時および東大附属入学時は、体力・運動能力が全国平均にくらべ全般的に下回る傾向にありますが、後期課程（高校）になると差がなくなり、一般児と同様またはそれ以上になる。

・女子双生児は東大附属入学時から、体力・運動能力は全国平均とほぼ同等の水準にあり、後期課程（高校）になると、種目によって差異はあるが、一般児より優れている。

これらのことから、双生児男女の体力・運動能力は、全国の同年代の一般児と差がなく、種目によっては優れている運動要素のものも多くみられるといえます。また、同年代の中・高校生にくらべ男子双生児は身長・体重ともに下回る傾向にあり、女子双生児では体重が下回る傾向にありますが、その身体サイズが体力・運動能力の発育・発達に影響を及ぼすとは限らないということが示唆されたことになります。

2　ケーススタディによるふたごの分析

体格と運動能力の類似度

これまでは、双生児男女の発育率が、一般児とくらべどのような状態にあるかをみてきました。しかし、ふたごをみていくときに、二人の中の関係をみないでふたごの関係を正確に表することは不可能といえます。そこで、ここではケーススタディとともに双生児ペア間の類似度について、みていきたいと思います。

図1から図8は、中学一年生（一三歳）と高校一年生（一六歳）の一卵性双生児ペア（MZ pair）男女の

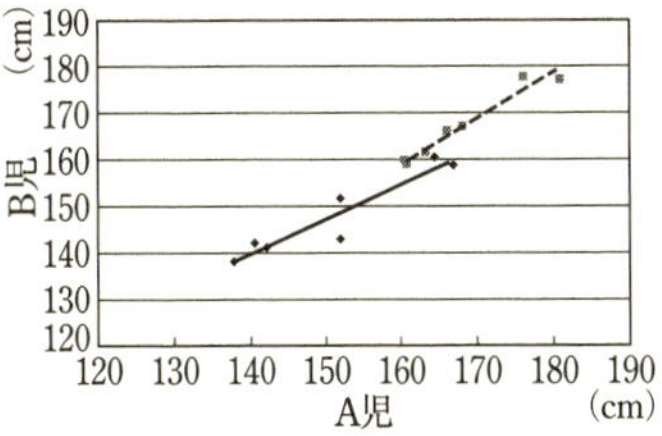

図１　男子 MZ 身長相関

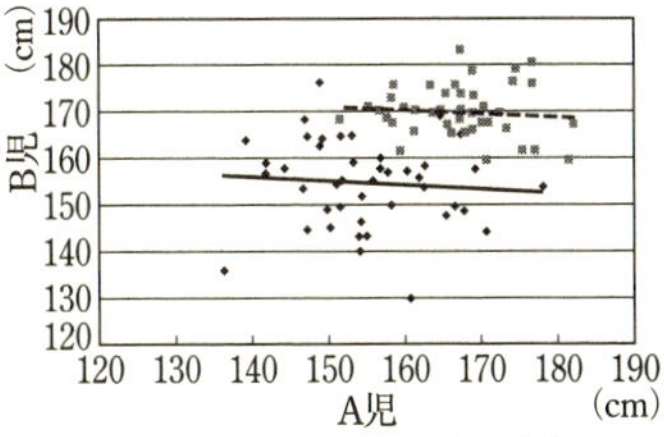

図２　男子 random 身長相関

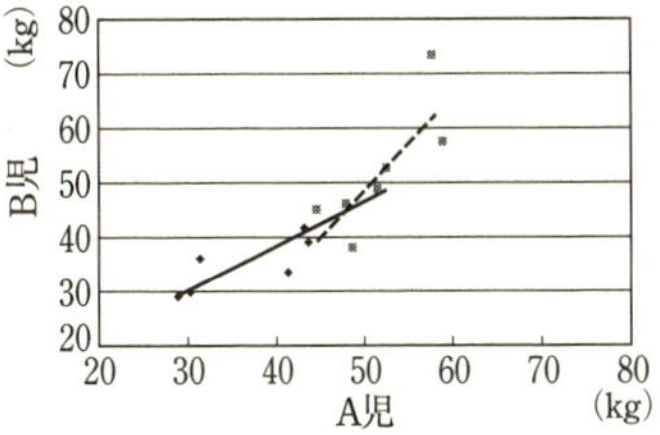

図３　男子 MZ 体重相関

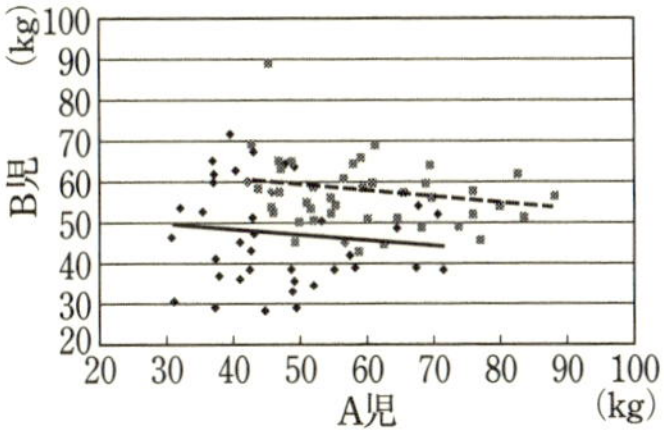

図４　男子 random 体重相関

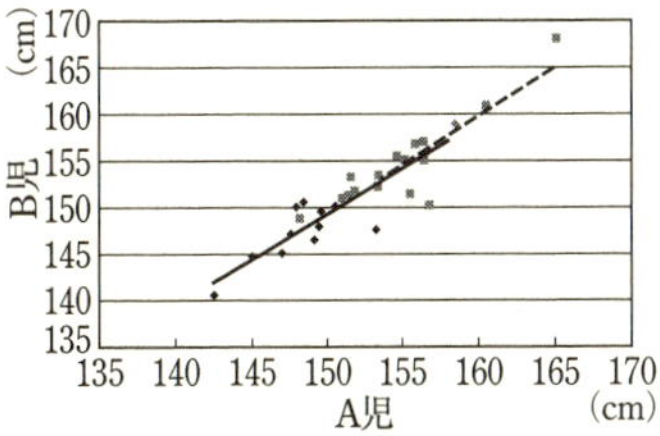

図５　女子 MZ 身長相関

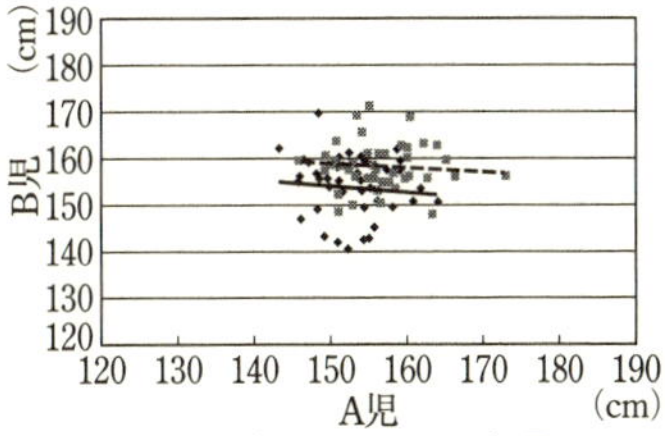

図６　女子 random 身長

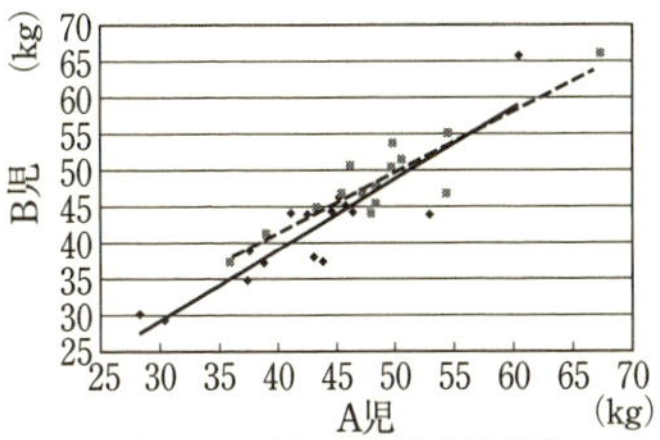

図７　女子 MZ 体重相関

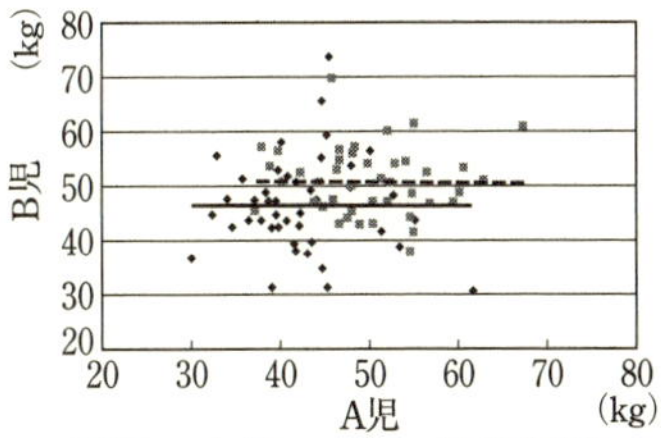

図８　女子 random 体重相関

身長、体重、座高の類似度の相関関係を、スポーツテストの各種目ごとにX軸をA児、Y軸をB児とし、回帰直線を加え、二人の類似度の特徴を、一卵性双生児ペアと一般児のランダムペア（random pair）九〇組ごとに表しました。これは直線が対角線上の直線に近づくほど、二人の類似度が高いことを表しています。

以上の図からもわかるように、一卵性双生児ペアでは、身長、体重でP＜〇・〇五〜〇・〇一水準で高い相関がみられますが、ランダムペアでは、身体形態の項目で相関をみることができませんでした。その他の身体機能の測定項目においても同様の結果がみられました。したがって、いかに一卵性双生児は、類似度が高く遺伝因子の影響を強く受けているかがよくわかるかと思います。

では、同じふたごでも一卵性と二卵性のふたごでは、その類似度はどのように違うのでしょうか。

一卵性の姉妹は、抜きつ抜かれつしながらも始終同じような発育の過程を示しているのに対して、二卵性の姉妹は、中学から高校までの六年間を通して、別々の発育の経過を示していることがわかります。このように一卵性のふたごと二卵性のふたごをくらべてみると、二人の発育の差の表れかたには相当な違いがみられます。

これまでの調査でも、体格を示す測定値のうち、身長、体重、胸囲、座高などにおいては、一卵性双生児では対差が小さく、相関係数の高いことが報告されていました。その中でも、身長は遺伝要因が強く働いていることが明らかにされていて（浅香昭雄の論文、一九七八年）、東大附属がかつて一九七八年に編集した『双生児』という本によると、中学三年時（当時は中高が分かれていました）の身長、体重、胸囲、座高の対差は、一卵性双生児六組の平均では、上の順に一・一センチ、一・三キロ、一・五センチ、一・〇センチであるのに対し、二卵性双生児七組の平均は同じ順で四・七センチ、四・七キロ、三・六センチ、二・〇センチと記されています。このように、一卵性双生児の対差のほうが、二卵性双生児のそれより、四つの測定値ですべて小さいことがわかります。しかし、その一方で運動能力（運動の基礎となる身体機能）をみると、双生児間で所属している運動部の違いや日常のトレーニング量によって、かなり違ってくることが『双生児』の中でも記されています。つまり、これは一卵性のふたりの運動能力でも、単純な基礎運動要素の能力は遺伝的要素の影響を大きく受け、スキル要素の高い複雑な運動要素の能力は、環境的要素の影響を大きく受けていることがわかります。

3　一卵性双生児に与える遺伝要因と環境要因の影響

①男子の身体の発育・発達

ケーススタディ　その一（運動部と帰宅部）　先に述べた調査の対象の中に、中学生期に身長A児一五一センチ、B児一四三センチと対差が八センチあるふたごがいました。これは遺伝的要素が高い一卵性双生児にとって、生物学的な意味では成熟度においてその範囲を超えている対差といえます。このふたごはA児が陸上部に所属し、B児は部活には所属せず放課後はすぐに帰宅していました。高校一年生になると大学受験を考えたA児も部活動をやめ、B児と同じく帰宅部となりました。その後、一七歳の段階でA児一六〇センチ、B児一五九センチとほぼ同じ身長に達したということです。また体重においても同様のことが起こり、中学生期A児五一・三キロ、B児四一・三キロと、二人の体重の差は一〇キロあり、これも一卵性双生児では考えられない範囲にありましたが、最終的に高校三年生に近づいたころには五八キロと六〇キロと二キロの差でした。これは、男子の発育・発達の過渡期である一〇代前半の運動量の差が、二人の身長・体重の発育率の差となり、その後、思春期スパート時の一日の活動量が同じになったことで、遺伝的要素の影響により、ほぼ同じ体格に達したのではないかと考えられます。

ケーススタディ　その二（人とのかかわりの中で）　また別の男子一卵性双生児では、高校一年生次にA児五七・八キロ、B児七三・二キロと、約一五キロの差がありました。この二人は中学一年次には〇・一キロの体重差でしたが、三年間で一五キロの差が生じてしまったのです。この二人の様子をみると、A児は運動部に所属し、大変明るく自己主張がしっかりできる活動的な生徒でしたが、B児はどこの部活にも所属せず、人前に出ることを苦手とし、性格も控えめで自分に自信をもてないところがある生徒でした。また、B児は同学年の仲間ともうまく関係が作れず、そのストレスから過食の傾向にありました。その結果、三年間で体重が双生児ペアでは予測ができない一五キロの差になっていました。このような事例から、一卵性双生児であっても体重においては、遺伝的な要因以上に環境要因の影響を充分受けるということがわかります。

ケーススタディ　その三（運動の特性によるもの）　つぎに、運動能力に差が生じている一卵性双生児をみてみましょう。このふたごはA児が陸上部、B児が野球部に所属していた二人で、中学生期に五〇メートル走のタイムがA児が七・二秒、B児九・三秒と、A児が二秒速いのに対し、ボール投げではその反対でA児一〇メートル、B児一六メートルと、B児のほうが投能力に優れていました。これは各個人のもつ基礎的な運動能力というよりも、自分の所属している部活動で行っている運動特性の習慣から影響を受けた結果と考えられます。しかし、その後、高校三年生になり、お互いが部活を引退すると二人の間にさほど差がみられなくなったということでした。

②女子における身体形態と身体機能

女子の身体形態、運動機能の類似度は、中学生、高校生ともに相関が高く、また、男子と比較すると高校生ではゆるやかに発達し、すでに中学生期から高校生期にかけて発育・発達のスピードが止まりつつある者もみられます。これは男子よりも女子のほうが思春期スパートが早い時期（一一歳から一二歳ごろ）にくるために、今回の調査を終えた段階で既に思春期スパートが終わった時期にあたっていたということです。では、その時期の女子の一卵性のふたごの中で差があったケースをみてみましょう。

ケーススタディ　その四（活動量によるもの）　また、女子の中にも遺伝的要素として考えられない範囲の対差が生じているふたごがいます。たとえば同一のふたご内で五〇メートル走がA児七秒九、B児一〇秒三と二秒の対差、長座体前屈がA児五五センチ、B児三五センチと、二〇センチの対差、握力がA児三一キロ、B児二四キロと六キロの対差、持久走（一〇〇〇メートル走）がA児三分五七秒、B児五分一八秒と、二分二一秒の対差、すべての項目において遺伝的要因として説明できない範囲の対差が生じています。この二人の生活は対照的でした。A児は、バスケットボール部に所属し、毎日厳しい練習とトレーニングを行っていましたが、B児は同じ部に所属はしているものの、マネージャーであったため、一般的にいう運動量そのものが全くといっていいほどない状況にありました。この二人もまた各身体機能において、環境要因の影響を多分に受けているペアといえるかと思います。

ケーススタディ　その五（後天性の影響によるもの）　これまでに紹介してきた事例とは異なり、いわゆる日常的な単純な運動量だけでなく、それ以外に後天性の影響を受け、二人の体格に差が生じていたふたごもいました。そのふたごは、中学生期に身長A児一五三センチ、B児一四七センチと対差が六センチあり、座高、体重においても同様に差がみられました。このふたごは、B児が胎児のときから心臓疾患を抱えていることがわかり生後すぐに外科的手術を行い、長く病棟生活を繰り返していたということです。そのため、B児は活動範囲が狭められたこともあり、その影響で成長の遅れが生じることがあるかもしれないと医者にいわれたことがあると、母親が話してくれました。つまり、同じ遺伝子をもつ一卵性双生児であっても、後天的影響やその後の生育環境によって身体形態や身体機能に影響を及ぼし、二人の間に差が生じることもあるということです。

4　年齢にあった発育・発達

身体的発育は、主に①身長、座高、下肢長などの長さ、②体重、皮下脂肪などの重さ・厚さ、③胸囲や頭囲などの大きさから観察することができます。身長は、骨の発育を示すものといえるため、その人の身体の「成熟度合い」をみるためには欠かすことができないものです。一方で、体重は、からだの量的発育を表すものとされ、骨格や筋肉、内臓などの大きさに関係するため、身体の機能面の発育も間接的に知ることができます。そのため、これらはとくに乳幼児にとって、健康な発育・発達をしているかを測るためには欠かせないバロメーターとなっています。そして、それが後の健康的な心身の発育・発達を考えるための指標ともされているようです。

ふたごのお母さんにとっては、平均的に小さな赤ちゃんを出産することが多く、二人を同時に出産するという苦労も伴うことから、一般児のお母さんにくらべて二人の子どもが元気に育ってほしいと願いも強く、また二人は同じように育つものと思い込んでしまい、よその子との差、また二人の間のちょっとした差が気になってしまうのは、しかたのないことなのかもしれません。そのため、これらのようなデータから健康的な心身の発育発達について予測し指針をつくることは、お母さんたちにとってその不安が少しでも減らせる材料になるという点で価値があるといえます。

「健康的な身体の発育・発達」「元気よく育つ」とよくいわれますが、これは、ただ単にからだが大きくなるとか、よく運動ができるとか、栄養が十分であるということとは異なることです。ですから、出生時のからだの発育のハンディはお母さんたちが予想するほど長期的なものではないと考えて十分なのです。ここでは、スポーツテストのデータからみる身体の発育について一般児との差、ふたご同士での差について述べてきましたが、必ずしもその差があることが良くないといっているわけではありません。

たとえ男女ともに体格的には多少下回る傾向にあったとしても、身体機能において何ら問題があるわけではないのです。まして、体力・運動能力などの機能面において、一般児よりも勝るものも多々あるという結果が得られているわけです。したがって、本当に大切なのは、「年齢にあった発育・発達がどれだけなされているのか」ということなのではないでしょうか。そのためには、ふたごだからとか、一般児だから、ということとは関係なしに、健康的な身体を作るために、また健康的な生活を送るために、「バランスのとれた食事」「継続的な運動」「適度な休養」を含め、適切な環境づくりを心がけることが大切といえます。そして、「どう生まれたのか」ということも気になることではありますが、それよりも「どう育てるか」また「どう育ったか」ということがもっとも大切といえるのではないでしょうか。

そして、忘れてはならないのは、人の発育・発達には、個人差があるということです。もちろん、ふたごの二人の間にも十分、一人ひとりにその子にしかない個性があり、その子らしさがあるということです。ですから、その子どもにあった環境づくりを心がけてあげることが必要なことなのではないでしょうか。

〔注1〕思春期の定義――Tanner（1962）の二次性徴の成熟度評価法によるイギリス人小児の二次性徴発現時期（Marshall and Tanner, 1960, 1970）と日本人小児の二次性徴発現平均年齢（Matsuo, 1993）の比較から、日本人小児における身体的思春期は平均的には男性で一〇・八～一五・五歳、女性で一〇～一四歳にあたるとされる。また、思春期スパートは、男子では一二・五歳から一三歳頃から始まり、女子では一〇・五歳から一一歳ごろから始まる。

［注2］「スポーツテスト」（文部科学省実施）
・身体形態…身長、体重、座高
・身体機能…走力（五〇メートル走）、全身持久力（持久走「女一〇〇〇メートル・男一五〇〇メートル」）、瞬発力（垂直とび）、跳躍力（立ち幅とび）、柔軟性（長座体前屈）、敏捷性（反復横跳び）、筋力（握力）、筋持久力（上体起こし）、投力（ハンドボール投げ）

参考文献

浅香昭雄（一九七八）「ふたごの学業成績」『遺伝』三二号、二七―三四頁。

井上英二（一九七二）「遺伝と環境――ふたごの研究」『からだの科学』増刊四号。

大木秀一（二〇〇〇）「乳幼児期・学童期における双生児の身体発育値の特徴――多胎児の育児支援に向けての基礎資料の作成」『小児保健研究』五九巻五号、五八五―五九六頁。

東京大学教育学部附属中・高等学校編（一九七八）『双生児』日本放送出版協会。

西嶋直彦（二〇〇三）「子どもの発育発達」『日本発育発達学会』一巻一号、一三―二二頁。

樋口満・水野忠文（一九七六）「双生児の身体発育・発達に関する横断的研究」『東京大学教育学部紀要』一六巻、三四七―三六二頁。

福島昌子（二〇〇八）「思春期における心身の発育・発達について」『東大附属論集』五一号、一三一―一五〇頁。

松浦義行・中村栄太郎（一九七七）「基礎運動能力の発達に関する研究」『体育学研』二一巻五号、二九三―三〇三頁。

水野忠文・江橋慎四郎・山地哲司（一九七三）「中学・高等学校生徒の身体発育・発達に関する横断的研究」『東京大学教育学部紀要』一三巻、二一九―二三五頁。

宮下充正（二〇一〇）「子どものときの運動が、一生のからだをつくる」明和出版、一九九頁。

文部科学省（二〇〇〇―〇九）『学校保健統計調査報告書』、各年度。

文部科学省（二〇〇七）『新体力テスト二一世紀に向けた健康と体力』。

渡辺哲司（一九九六）「一二歳から一三歳の子どもの体格と体力の変遷」『体育の科学』四六巻四号、三〇五―三一〇頁。

Tanner, J.M. (1983). Foetus into Man: "Physical Growth from Conception to Maturity."

コラム・卵性診断特別検査に関わって

大木秀一

一九八六年に東京大学医学部保健学科の卒業研究で、ふたご卒業生の第一回追跡調査のデータを分析して以来、東大附属に関わってきました。翌年大学院に入学してからは、卵性診断特別検査に参加し、現在まで継続しています。時代とともに卵性診断の検査方法も倫理的配慮も大きく変わりました。当初は数多くの人類学的な形質や指紋、掌紋、歯型の検査が実施されていましたが、いまでは時間がかかり負担が大きい検査は実施されていません。一九九〇年ごろにDNAフィンガープリント法が卵性診断に応用されてからはDNA検査が中心となっています。DNA検査の普及により、かつては卵性を診断するために必要であった検査項目の多くが、現在では、卵性を確定したあとに逆に遺伝規定性を確認する項目となっています。そのような中で、絶対に欠かせないのは二人を直接比較する類似診断です。生体試料だけで卵性を診断する危うさは何度も経験しています。

卵性診断の対象者も全ての志願者から入学者だけに変わりました。志願者も三つ子枠まで広がりました。母親医学面接は両親面接に変わり、父親も参加しています。また、DNA検査を医学部の倫理審査委員会に通し、現在では検査実施の際、親子から承諾書を得ています。東大附属のデータを用いた研究に対応するために、附属にも倫理審査委員会が設置されました。卵性診断特別検査の変遷はそのまま研究と社会の関わりを反映しています。

私自身も東大附属のデータを積極的に活用して研究を進めてきました。その主たる内容は、①ふたごの成長・発達の特徴、②質問紙によるふたごの卵性診断法の開発、③様々な健康事象の遺伝要因と環境要因の分析、に大別できます。東大附属のデータを用いた論文を五〇編以上公表しましたが、まだまだやり残した分析が山ほどあるというのが実感です。

ふたごを対象とした研究を進める場合の関心は様々だと思います。私自身は特定の形質よりもむしろ、いろいろな「比較」に関心があります。一つはふたごと単胎児の比較です。特に、ふたごの胎内での適応に注目しています。もう一つはふたごペア（特に一卵性ペア）二人の比較です。非常に似ているペアが多いと思う一方で、なぜこれほど二人に差が出るのかというペアもいて、遺伝と環境の関わりの複雑さを感じています。本気でふたご研究に取り組もうとする研究者や学生にとって、東大附属の膨大な資料は極めて貴重な財産になるでしょう。

（おおき・しゅういち、石川県立看護大学健康科学講座教授、東京大学医学部人類遺伝学教室客員研究員）

Ⅲ 双生児研究へのアプローチ

第1章　双生児の医学とデータベース

佐々木　司

1　医学からみた双生児

一卵性と二卵性のＤＮＡ配列の違い

双生児には、一卵性双生児と二卵性双生児があります。一卵性双生児は一つの受精卵（またはそれが成長した胚）が二つの個体に分離して生まれます。これに対して、二卵性双生児は、同じ月経（排卵）の周期に二つの卵子が排卵され、二つともが受精、成長して生まれます。一卵性双生児の場合、そのペア間では、ヒトの遺伝子が載っているゲノムのＤＮＡ配列（遺伝情報）がほぼ一〇〇パーセント一致しています。つまり、遺伝的にはほぼ同一人物に近い関係です。これに対して二卵性双生児は、二つ別々の受精卵がたまたま一緒に母胎内で成長して生まれてきたものなので、遺伝的な関係は通常の同胞（きょうだい）と同じです。ＤＮＡ配列の共有率はほぼ五〇パーセントです。

ここでゲノム上のＤＮＡ配列の変化と書きましたが、同じヒトであるならば、通常、もっている遺伝子の数はほとんどの場合一緒です。遺伝子は全部で二万五〇〇〇ほどあり、それが体中のすべての細胞内で四六本の染色体上に分かれて存在しています。ただ、これら約二万五〇〇〇の同じ遺伝子をもってはいても、遺伝子内や遺伝子と遺伝子のあいだの部分のDNA配列には個人間で微妙な違い（ここでは「ヴァリエーション」とよびましょう）があります。ゲノム上でこのヴァリエーションの存在する場所の数は、かつて予想されていた以上に膨大で、少なくとも数百万ヶ所以上にのぼることが知られています。一卵性双生児の場合、ペア間でこの膨大な数のDNA配列のヴァリエーションがほとんどすべて一致しています。つまりゲノム上のDNA配列が「ほぼ一〇〇パーセント」同一であるということです。これに対して、二卵性双生児のペア間では、これらのヴァリエーションの約半分は同一であるのに対して、残り半分は異なっています。これはふつうの兄弟姉妹と同じ一致率です。ちなみに、全く血縁関係のない人のあいだでは、この一致率はもっと低くなります。人種や民族が違えば、一致率はさらに低下します。

なお、一卵性双生児のDNA配列の一致率が「ほぼ」一〇〇パーセントと書いたのは、以前には考えられなかったようなまれなDNA配列のヴァリエーションが存在し、かつ、親にはみられないヴァリエーションが子どもでしばしば出現することが最近明らかになり、一卵性双生児でもそのようなまれなヴァリエーションを含めてDNA配列の違いのみられることがわかってきたからです。といっても、二卵性双生児や一般人どうしと比較すれば、一卵性双生児はDNA配列の点では「ほとんど同一」といって差しつかえないでしょう。この「ほぼ一〇〇パーセント」の「ほぼ」の部分は、後でまた説明することにします。

双生児の生まれるメカニズム

双生児といっても、遺伝的関係が一卵性と二卵性では全く異なるように、その発生のメカニズムも異なっています。

①二卵性双生児が生まれるメカニズム——妊娠可能な年齢の女性では、平均して一ヶ月弱に一回、成熟した卵子が卵巣から出てきます。これを「排卵」とよびます。排卵された卵子が卵管を通って子宮に達する途中で精子と出会って受精すると、受精卵となり、子宮内に着床、やがて子どもへと成長していきます。　排卵される成熟した卵子は、ヒトの場合、通常一回の排卵につき一つだけです。ですから一度に出産される子どもは、ほとんどの場合一人だけです。ところが何かの理由で（偶然かもしれません）、一度のこの性周期に、複数の卵子が排卵されることがあります。同じ性周期に二つの卵子が排卵され、この両方が受精して成長すると、二卵性双生児になります。さらに、排卵され受精した卵子の数が増えて三つになれば、三つ子、四つならば四つ子ということになります。ただし三つ子以上の場合は、二人は一卵性双生児で、他は違う卵子（と精子）からの子どもといった場合もあり、その組み合わせはいろいろです。なお、二つ（あるいはそれ以上）の卵子が受精する時期は、かならずしも同時とは限りません。父親の異なる二卵性双生児が生まれた例も報告されています。

②一卵性双生児が生まれるメカニズム——これに対して一卵性双生児は、一つの受精卵が細胞分裂して細胞数が増加するいずれかの段階で二つに分離し、それぞれが別々の個体として成長していくことで生

まれます。なぜ分離するのか、その理由はわかっていませんが、分離の段階は、受精卵の細胞がまだ未分化で、同じ形の細胞が集まっている段階、つまり受精後初期の段階（ほとんどは一週以内）です。また後述するように、どの段階で別れたのかによって、妊娠中に胎児を包んでいる胎膜の数も変わってきます（後出の図1）。

双生児の頻度、生まれやすい条件

①双生児の頻度――双生児のうち一卵性双生児の生まれる頻度は、古今東西を問わず、出生（出産）一〇〇〇回につき四回程度、人数でいえば、一〇〇〇人生まれると、そのうち約八人が一卵性双生児だといわれています。人口の一パーセント弱、ということにもなります（一九八六年にまとめられたデータでは、日本人、インド人、英国人では三・三～三・五回、アメリカの白人では四・二回、黒人では四・七回、ナイジェリアでは五・〇回となっています。多少民族差があるようにもみえますが、誤差範囲かもしれません）。

これに対して二卵性双生児が生まれる頻度は、人種・民族や時代、生活の状況によってだいぶ違いがあります。さきほどのデータでは日本では出産一〇〇〇回に一・三回と少なく、インド、イギリス、アメリカでは八～一〇回（アメリカでは白人七・一回、黒人では一一・一回）でした。これがナイジェリアではるかに頻度が高く、なんと出産一〇〇〇回あたり五四回と報告されています。

②双生児の生まれやすい条件、特に二卵性の場合――ひとつに、ホルモンの影響があります。二卵性双生

児の生まれる頻度のこのような違いは、ある種の性ホルモンの量の違いが原因のひとつと考えられます。二卵性双生児が生まれる最も大きな原因は、通常一度に一つしか排卵されない卵子が、複数排卵されることです。したがって、この排卵誘発に関わるホルモンの多い少ないが大きく影響します。このようなホルモンは、もともと人の体内にあるものもありますし、体外から補充されるものもあります。後者のなかで代表的なものは、不妊治療で使われる排卵誘発剤です（排卵誘発剤でも、種類によって複数の排卵を誘発しやすいものと、そうでないものとがあります）。前者では卵胞刺激ホルモンが代表で、ふだん摂取している食べ物などの影響でその濃度が高い民族では、二卵性双生児の頻度も高いという説もあります。性ホルモン以外ではインスリン様成長因子（Insulin-like Growth Factor: ＩＧＦ）という体内物質の血中濃度が高いと、多排卵が起こりやすいとの報告もあります。

二つめに遺伝の影響があります。同じ親族内に二卵性双生児が複数生まれる家系もあります。これはひとつにはその家系の女性では多排卵が起こりやすいことによるものと考えられています。実際に、二卵性双生児を産んだ母親が、また二卵性双生児を妊娠する確率は、他の母親の数倍に及ぶことが知られており、母親自身が二卵性双生児の場合にも二卵性双生児を生む確率が数倍高くなるという報告もあります。父方の遺伝的要因の影響は、これに比べるとはっきりしません。母親の年齢も影響します。ある報告によれば、双生児を生む確率が最も高いのは三七歳で、これは卵胞刺激ホルモン濃度がこの年齢で高いことによるものだと考えられています。

三つめには、母親の年齢・妊娠回数があります。妊娠を重ねるほど、双生児を妊娠する頻度は上がるようです。母親の体格・栄養状態も影響するようで、背が高く体格のよい母親のほうが、体格の小さい母親よりも双生児を出生する率は高いようです。実は日本人の双生児出生割合は、近年では先に示したデータよりずっと高くなっています（二〇〇三年には一卵性とあわせて出産一〇〇〇に対して一〇組程度）。これは次に述べる生殖医療（不妊症の治療）も影響している可能性はありますが、体格の向上、出産年齢の高齢化なども影響しているかもしれません。

そして、生殖医療の影響もあります。近年における双生児（これも二卵性）の増加要因として無視できないのは、生殖医療です。この場合ひとつの理由は、先ほど述べた排卵誘発剤による多排卵の増加です。もうひとつは体外で受精卵（胚）を培養する場合で、妊娠の成功率を上げる目的で、複数の培養胚を子宮に戻すことが行われていたためです。ただし、最近では多胎による母体、胎児双方への負担の大きさを考えて、戻す培養胚は一つ（一人分）だけとすることが一般的となりました。

双生児は女子が多い？

通常、一回の出産で一人の赤ちゃんが生まれる場合、赤ちゃんの性別は男子の方が女性をすこし上回ります（一九四六年のアメリカの報告では、男の子が五一・六パーセント）。これは、胎内でも、子どものときも、成人してからも、男性の方が女性よりも死亡率が高いことと関係していると考えられています。同じ報告によれば、双生児ではこの男女差が少し小さくなり、三つ子では男子が四九・五パーセントと、男女比が逆転していました。つまり、胎内で同時に育つ胎児の数が多いほど、生まれる子どもが女子である確率が高くなるということです。また一卵性双生児では、双生児へと分離する時期が遅いと（胎生八日以後、すなわち一絨毛膜・一羊膜の場合（後述））、生まれてくる子どもが女子である確率が七割程度に跳ねあがるという報告もあります。これらの話は双生児には女子の方が多いというわけではありませんが、単胎の子どもに比べて、子宮内での環境が厳しい双生児など多胎の子どもでは、生き抜く力の強い女子の割合がやや高めになる、ということかと考えられます。

2　母胎内環境の共有

双生児が共有しているのは、遺伝的要因（ＤＮＡ配列）のみではありません。環境的要因も、ふつうの兄弟姉妹以上に強く共有しています。環境的要因というと、多くの方は生まれてからの生育環境や教育をイメージされるかもしれませんが、もっと影響が大きいのは母胎内での環境です。人間は母親のおなかの中で、顕微鏡でしか見えないたった一つの細胞（受精卵）から細胞分裂を繰り返して、体重三キロ前後の、手足と様々な臓器を備えた人間のかたちへと成長するのですから、母親のおなかにいるあいだが、実は最大の成長期である、ということは容易に想像がつくと思います。

したがって、この間の生育環境は、人間の成長にとって非常に大きな意味があります。特に栄養です。胎児の成長に必要な栄養は、すべて母親が摂った食事に由来しています。極端なダイエットなどで母親の栄養摂取が不足すれば、胎児も栄養不良になりがちです。母親がアルコールを摂取すれば、胎児も同時に飲酒することになりますし、タバコを吸えば、胎児がニコチンを摂取することになります。ストレスがかかってホルモン分泌の量やバランスが変われば、それもそのまま胎児に伝わることになります[注1]。双生児は一卵性でも二卵性でも、これらの環境を、その最大の成長期に共有しているというわけです。

双生児では、出生後の生育環境も似通っています。何かの事情で別々に育てられた場合を除けば、栄養、発育環境、家庭環境、教育環境、交友関係など様々な面で環境を共有しています。環境汚染などの問題があれば、残念ながらそれも共有することになります。このように、胎生期から生まれた後を含めて、双生児では生育環境を大きく共有することになります。ここが二卵性であっても、ふつうの兄弟姉妹とは異なるところです。

3　妊娠中のリスク

母体の負担

子宮内の胎児は、成長に必要な栄養と酸素とを母体から得ます。これらの栄養と酸素は妊娠初期に形成される胎盤への血流を介して供給されます。胎児が成長するにつれ、子宮は大きくなり、胎盤も大きくなります。ただし、その大きさには限界もあります。通常、人間は妊娠四〇週、体重三〇〇〇グラム前後で母胎内から生まれ出てくるわけですが、もしこの大きさの胎児が二人もおなかの中にいるとしたら、母体は物理的にも生理的にも、その負担に耐えきれません。二人の胎児に血液を供給するわけですから、母体の心臓の負担は相当に大きくなります。ちなみに、双生児の妊娠における母親の血圧の変動は独特で、拡張期圧（下の血圧）は妊娠二〇週までは単胎（普通の一人の妊娠）の場合よりも低く、その後上昇して、出産のころにはずっと高くなります（一五ミリHg以上血圧が上がる人はふつうの妊娠では半分程度ですが、双生児の妊娠では九五パーセント以上にのぼると報告されています）。双生児の妊娠では、つわりに伴う吐き気や嘔吐も重くなります。また、母親が胎盤を通じて供給できる栄養にも限りがあるので、この大きさの胎児二人を養うのに十分な栄養が供給できなくなり、胎児の発育と生命維持にとってもリスクが生じます。このため、双生児の場合、妊娠四〇週に達する以前、三五週前後で出産する場合が多いようです。これは自然とそうなる場合もあるでしょうが、産科医がそれ以上母胎内に胎児がいることのリスクを考えて、そのように処置することもあります。これは胎児側からみても妥当なことで、満期四〇週で生まれてくるよりも、周産期の障害や死亡のリスクが低くなるようです。出産方法も、通常の自然分娩では、胎児にも母体にも負担とリスクのかかる可能性が大きいため、帝王切開がしばしば行われます（分娩に伴う母体の出血量でみても、自然分娩では双生児の場合、単胎の出産の二倍、約一リットルの血液が失われます）。

胎児の成長と流産のリスク

双生児の生まれる頻度は、たとえば日本人では一卵性は出産一〇〇〇回に対して四回（八人）程度、二卵性は一・六回（三人）程度だと先に述べましたが、これはあくまでも出生してくる人数です。妊娠初期の双生児の割合は、これよりだいぶ高い数となります。それは胎内で育つ双生児のうち何割かは、片方が生まれてこない（流産する）からです。報告によって違いはありますが、妊娠初期に双胎と確認された例のうち二〜六割は、妊娠後半では単胎になっていることが報告されています。これは片方の胎嚢が消失（流産といってもいいでしょう）してしまったためで、「ヴァニシング・ツイン（vanishing twin）」とよばれています。この割合は、三つ子、四つ子ではさらに高い割合で起こります。また流産は、両方の双生児に起こることもあります。なお双生児の流産は妊娠初期ですと気づかれない場合があり、羊水検査でダウン症や神経管欠損と間違えやすい場合もあるようです。

出生体重

①出生前の体重変化——双生児の体重は、妊娠二八〜三〇週ごろまでは、単胎児と大きな違いはありません。しかしその後は、単胎児にくらべてだんだんと開きがでて、三四〜三五週ごろには明らかな違いがみられるようになります。また双生児では三八〜三九週で生まれる子どもより、四〇週（満期）で生まれるほうが体重が低いという報告もあります。双生児の発育がある段階までくると、胎盤の機能が必要な栄養供給に追いつかなくなるものと考えられます。実際に双生児の出産は三五週前後になる（あるいは行われる）ことが多いことは、先にも述べたとおりです。

②ペア間の体格の違い——ところで、胎盤を通じて供給される栄養は、かならずしも二人の双生児に平

等に行きわたるわけではありません。供給量はしばしば不均衡で、それは出生時の双生児ペアの体重や大きさの違いとして観察されます。また不均衡のレベルは、多少の違いから極端なレベルまで様々で、一方が体重二五〇〇グラム、もう一方はわずか五〇〇グラムといった極端な例も観察されています。ブラウンらの大規模な調査では、八パーセントのペアで体重に二五パーセント以上の差がみられました。ペア間で大きさの差が二五パーセント以上に達する場合には周産期死亡率が高いので、注意して見まる必要があります。

このような栄養供給量の不均衡の原因のひとつは、二つの胎盤に供給される血液量の違いです。これは二人の双生児がそれぞれ別々の胎盤をもつ場合です。もうひとつは双生児ペア間の胎盤や血管の構造の関係で、血液循環の状態に不均衡が起こる場合です。これが重度になったものは「双胎間輸血症候群」（ＴＴＴＳ）とよばれ、周産期死亡率が高まるため、十分な治療が必要となります。なおＴＴＴＳを含め、ペア間の血液循環の不均衡は、一卵性双生児で、かつ二人の胎児が一つの絨毛膜につつまれている場合（一絨毛膜性双胎、この場合胎盤の数も一つです）に起こり、ＴＴＴＳはその一割に起こるといわれています。

このように、胎児のリスクと、胎盤の数、胎児を包む胎膜の数とには大きな関係がありますので、次の節で、双胎の発生と胎盤、胎膜の数との関係について説明することとします。

出生後のペア間の差

母親のおなかの中にいるあいだ（胎生期）は、双生児の成長はさまざまな制約を受け、ペア間でも大きな差が生ずる可能性があることをここまで説明してきました。では、出生後はどうでしょう。

ペア間の差が極端に大きかった場合などの例外を除きますと、多くの場合、出生後何年かするとペア間の差は縮まってきます。特に一卵性双生児の場合には、最終的にはほとんど違いがなくなり、そっくりになってくることは、みなさんがよくご覧になるとおりです。胎生期には同じ時期に母親のおなかの中で育ったといいながら、享受する栄養が意外と違っている場合があって、その違いが体格など目に見えるかたちで出生時には観察されるペアも多いのですが、成長するにつれてその差は小さくなっていくというわけです。これは体格や顔立ちなど、外に見えることばかりではありません。知能や能力、性格やさまざまな好みなど、人間のもつ様々な特徴で観察されます。なおこれは一卵性双生児の場合であって、二卵性双生児では遺伝要因の共有率は普通の同胞（きょうだい）と一緒ですので、似かたにも限りがあります。

胎盤、胎膜の数と卵性

「胎盤が二つだと二卵性で、一つだと一卵性」なのでしょうか（図1）。ふたごをおもちのお母さんに、一卵性か二卵性かをお聞きすると、「生まれたときに、「胎盤が二つだったので二卵性」といわれました」、あるいは、「胎盤が一つだったので一卵性、といわれました」というかたがおられますが、これは

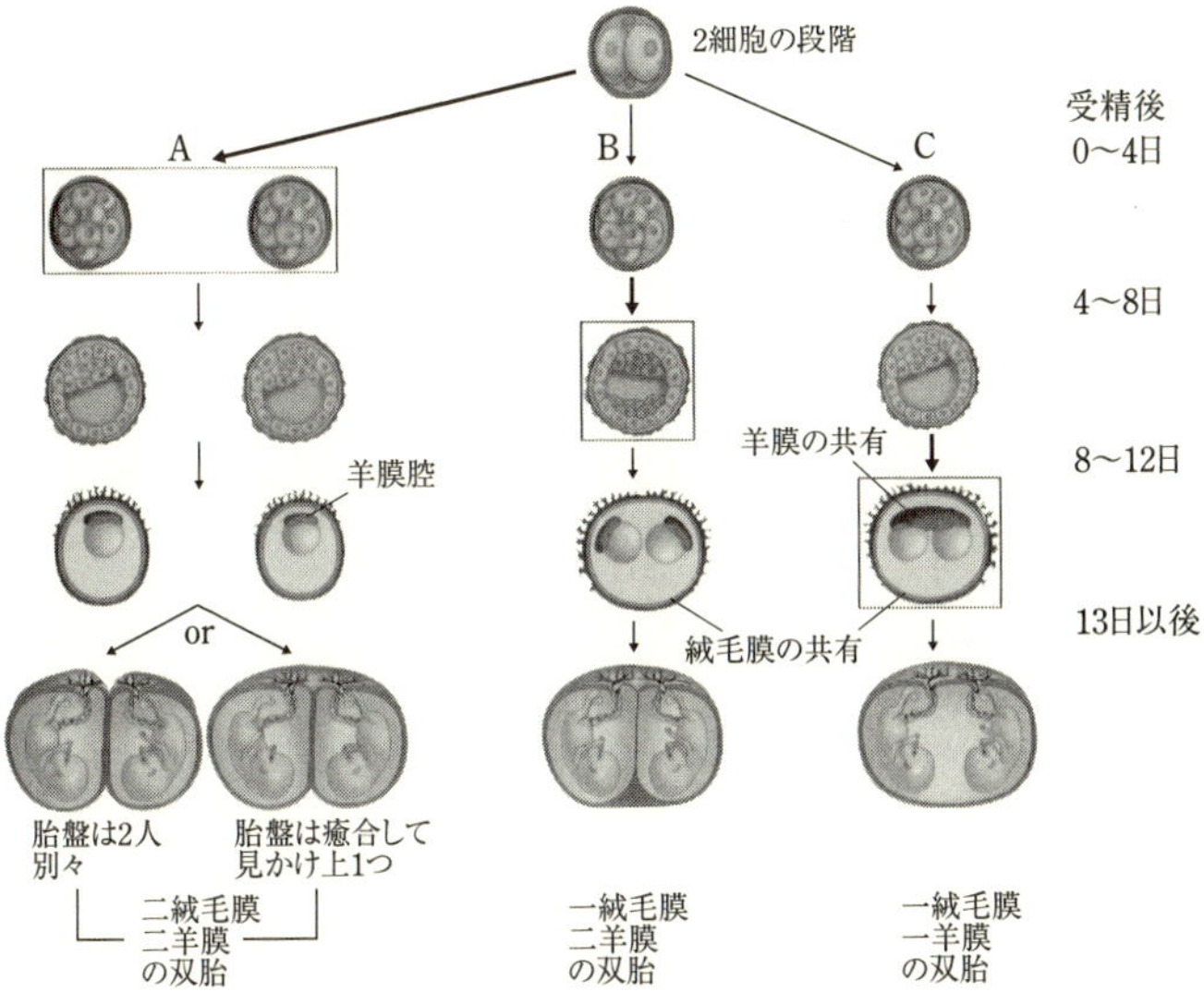

図1　一卵性双生児における分離時期と，胎盤，羊膜，絨毛膜の数の関係（Cunningham, 2010, p. 861を改変）

間違いです。胎盤の数から卵性は判断できません。

胎盤の数は一卵性でも二卵性でも、二つの受精卵が子宮内に着床する場所によって違ってきます。お互いに遠いところに着床すれば、胎盤も別々になりますし、互いが近いところに着床すると、二つの胎盤が癒合したり、あるいは一つの胎盤を共有したりすることで、分娩時に出てくる胎盤も一つ、ということになります。胎盤が二人で別々（二つ）の場合には、胎児を包んでいる胎膜も、二人それぞれ別々となります。なお、胎膜は外側の絨毛膜と内側の羊膜で構成され、羊膜の内側には羊水が満たされ、胎児はその中に浮かんで手足も体も動かせる状態で成長します。

胎盤が一つの場合、話はもっと複雑です。

まず二卵性双生児の場合には、胎盤が一つであっても、元々は別々の胎盤が癒合して一つになったと考えていいでしょう。この場合には、胎膜もごくまれな例外を除いて二人別々です。つまり、二人の胎児が、それぞれの胎膜で囲まれた個室の中で成長していると考えていいでしょう。

ただし、逆に「胎膜が二つなら二卵性双生児」、ということはありません。一卵性双生児でも、受精卵の分離（二人に分かれること）が受精後まもなく（ほぼ七二時間以内）の場合には、胎膜は羊膜、絨毛膜とも二卵性双生児と同様、二人別々となります。一卵性双生児の三割がこれに相当します。胎盤は二つ別々の場合と、一つを共有する場合とがあります（図1のA）。受精卵の分離がもう少し後（四〜八日、「胚胞期」とよばれる状態）に起こると、胎膜の内側の羊膜は二人別々ですが、外側の絨毛膜は一つで（つまり、一つの絨毛膜が二人の胎児を包む）、また胎盤も一つを共有することとなります。一卵性双生児の七割がこれに相当します（図1のB）。さらに、頻度はまれですが（一パーセント程度）双生児への分離がそれ以後におこった場合には、一つの絨毛膜、一つの羊膜に二人の胎児が包まれた状態、つまり羊水で満たされた一つの部屋で二人が同居した状態で成長していきます。胎盤ももちろん一つです。一部屋に二人の胎児が同居という状態ですので、二人の臍帯（へその緒）が絡みあう危険性などが高く、死亡率が高い状態です（図1のC）。

4　一卵性双生児も全く同一ではない

双生児は、同じ時期に同じ母親の母胎内で発達・成長します。その意味で、母胎内の環境を共有しているのですが、実際には供給される血液量（したがって、酸素や栄養の量）に違いがある場合も多く、母胎内での環境はかならずしも同一ではないことは先に述べたとおりです。この違いは、絨毛膜を共有する双生児（一絨毛膜性双胎）で起こりやすく、かつまれな例外を除けば、一絨毛膜双胎はほとんどが一卵性双生児ですから、一卵性双生児では母胎内環境の違いが大きくなりやすいともいえるでしょう。

さて、一卵性双生児では、ＤＮＡ配列など、ゲノムのヴァリエーションをほぼ一〇〇パーセント一致しているのだが、実は微妙な違いもある、ということを、この章の最初の方で述べました。ここではその点について説明したいと思います。

これは近年、以前には想像できなかったヴァリエーション（変異）がゲノムのＤＮＡ配列上に多数存在することが明らかにされたことによります。この変異は、具体的には染色体上のＤＮＡ配列の巨大な（ＤＮＡの個数で一〇〇〇から数十万におよぶ）欠損や重複のことで、「コピー・ナンバー・ヴァリエーション」（copy number variation: ＣＮＶ）とよばれています。以前は、このような巨大な欠損や重複は、特殊な遺伝病の原因としてのみ存在すると考えられていたのですが、実際にはふつうの健康な人にも複数みられることが明らかになったのです。もちろん、その中には何らかの病気の原因に関わるものもあると考えられ、それについては後述するような研究が行われています。また、このような欠損や重複は、同一の人の身体でも組織・細胞ごとに違っている可能性があります。一卵性双生児のペア間でも、このような欠損や重複が組織・細胞ごとにだいぶ異なっていることも多いことが報告されています。というわけで一卵性双生児といえども、厳密にいうと身体の細胞に備わった遺伝情報が一〇〇パーセント同じではない、ということです。もちろんそうはいっても、二卵性双生児や通常の同胞と比べれば、一卵性双生児がもつ遺伝情報（DNA配列）の一致率は、けた違いに高い（ほぼ一〇〇パーセントに対して、ほぼ五〇パーセント）といえることに違いはありません。そのことが、欠損・重複とともにこれから先に述べる様々な研究の前提ともなっています

5　双生児の調査からわかること

氏か育ちか？

学校の成績、知能、性格、運動の得手・不得手から、身長、体重、健康や体の強さ、病気への罹りやすさに至るまで、人間には自分と他人、あるいは自分の子どもと他人の子どもとの違いが気になりがちなことがたくさんあります。そして、それらが生まれつきのものか（遺伝によるものなのか）、環境によって変わってくるものなのか、多くの人が気になるところだと思います。実はこの問題の見きわめは、教育や医学の世界では、きわめて重大な問題でもあります。読者の中にも、生来運動が苦手なのに、「鍛え方が足りないから」等と叱られつづけた、苦手な勉強について「努力が足りないから」と叱咤されつづけた等の辛い経験をおもちのかたもおられるでしょう。お子さんをお持ちのかたなら、「親の育て方が悪かったのでは」「教育のしかたが間違っていたのでは」と悩むかたも大勢おられると思います。

できないことは即あきらめろ、というわけではありませんが、教育において、遺伝的要因などの科学的な検討のないままに、ただ「精神論」「がんばり」ばかりが強調されるとしたら、大変不幸なことです。医学の世界でも遺伝的要因と環境的要因それぞれの大きさを見きわめることは極めて重要です。たとえば子どもの病気の場合など、これがわからなかったために、本当は遺伝的要因の役割が大きいのに、「育て方が悪かったから」と親が責められつづけたという例は少なくありません。また、ある病気の原因に遺伝的要因がある程度の割合を占めていれば、そこに関わる遺伝子群をみつけることで治療の進歩につながるかもしれません。環境的要因が大きいなら、具体的にどんな要因かを探ることで予防法や治療法の開発が可能となります。また、こういう遺伝子の変化がある人にはこういう治療や予防法をというように、各個人の特徴に応じた治療の個別化も、現代では大きな話題となっています。

これらの前提となる、ある特徴に対する遺伝的要因と環境的要因の影響の割合(正確には、その「特徴」の集団内での個人差(変動)への関与の割合)がどの程度かを調べるうえで、もっとも重要な方法が双生児法の研究、双生児データの解析です。本書の第Ⅱ部でも触れられているので、ここでは解析の詳細には触れませんが、ごく大まかにいえば、遺伝的背景が同一とみなされる一卵性双生児と、共有率がその半分の二卵性双生児で、調べようとしている形質のばらつき(統計用語では「変動」、病気の場合には発症率の違い)を比較することで、遺伝的要因と環境的要因の役割の割合を推定することができます。また、同じ遺伝的背景をもつ一卵性双生児が、育つ環境、与えられる環境が異なることで、調べようとする形質にどれぐらいの違いが出るかを検討する方法もあります(特に「双生児統制法」とよばれます）。双生児を対象とした研究で最も極端な例は、別々の家に養子にだされた双生児を比較する方法ですが、調査等によって生活習慣の違いとその後の成長や健康状態の違いを調べる、心理検査を用いて脳の活動の違いをみるなど、様々な方法での研究が行われています。

一卵性双生児データの重要性――遺伝研究の場合

先に、一卵性双生児であっても、ゲノムのＤＮＡ配列が厳密に一〇〇パーセント一致しているわけではない、ということを説明しました。先に具体的に説明したのは、比較的大きなＤＮＡ配列が欠損していたり、重複していたり、というコピー・ナンバー・ヴァリエーション（ＣＮＶ）についてですが、ＤＮＡ塩基の置換［注2］などもみられます。現在、病気の原因遺伝子をみつけるための研究で盛んに行われているのが、一卵性双生児のペア間でみられるこのような遺伝子配列の違いの探索です。もしも一卵性双生児の一人が、遺伝的要因の関わるある病気に罹っていて、もう一人が罹っていないとしたら（そういったペアは「不一致例」とよばれます）、このような遺伝子配列の違いがその一因となっているのかもしれません。その場合には、違いのみられた遺伝子が、その病気の原因に関わっていると推測することができます。もちろん、一卵性双生児でも母胎内での栄養状態などに大きな違いがある場合もあり（特に先に述べた一絨毛膜性双胎の場合）、そのような環境要因の違いは十分考慮する必要がありますが、近年の遺伝子解析技術の急速な進歩に伴い可能となった研究方法のひとつです。

また、母胎内環境が大きく異なった一卵性双生児の場合でも、その環境の違いがゲノムに刻印する化学変化を解析することで、原因遺伝子の同定に到達できる可能性もあります。そのような化学変化には複数の種類があることが最近明らかになってきましたが、代表的なものをひとつ説明するとすれば、「DNAのメチル化」です。これはDNAの四つの塩基のうち、－C－G－がこの順で並んでいる場所でおこる変化で、C塩基にメチル基（－CH_3）が余計に結合することでおこります。このメチル化が、遺伝子からタンパク質を作る量をコントロールする部位にたくさんおこると、DNAの構造変化から、そのタンパク質が作りにくくなります。ある一卵性双生児で、ある病気の不一致例を複数調べ、ある特定の遺伝子でそのような化学変化の大きな違いが双生児ペア間でみられるとしたら、その遺伝子が、その病気への罹患に影響している可能性がある、というわけです。

6　世界の双生児研究データ

各国のレジストリー（研究用登録データ）

このような研究を行うには、できるだけたくさんの双生児に協力していただき、大規模なデータを解析することが、信頼性の高いデータを得るうえで重要なカギとなります。このために、世界各国で、双生児の研究用登録データ（レジストリー）が作られています。すこし前になりますが、二〇〇六年に『双生児研究と人間の遺伝学（*Twin Research and Human Genetics*）』という専門誌に、世界中の双生児研究者から、それぞれのレジストリーについて報告する特集があり、全部で五四の報告が行われました。この中には計画中・立ち上げ中のものも含まれており、実際の数はこれよりは少ないようですが、それでも世界中で数十の双生児レジストリーが進められていることがわかります。報告数として最も多かったのがアメリカの一六件（うち一件は計画中）ですが、イギリス、ドイツから各三件と北欧各国など、ヨーロッパからの報告が多くみられました。また日本、中国、韓国、スリランカなど、アジアのレジストリーも報告されています。

実施主体でみると、国レベルあるいは地方政府レベルの公的な住民登録に基づく公的なものと、大学などの研究機関の主導で行われているものにわけられます。規模は国などの公的登録レベルで行っているものはさすがに大きく、数万に及ぶものが多いようです。研究機関で行っているものは、数百から数千と様々な規模のようです。また、成人病の予防など特定の目的で調査を進めているプロジェクトもあれば、国レベルのもののように、多種多様なデータを備えて、様々な研究に提供しているものもみられます。対象年齢も、生まれた時からを対象にしているもの、思春期や青年期を対象としているもの、成人から高齢者を対象としているものまで、研究目的によってさまざまです。

日本の双生児レジストリー

日本からは慶應義塾大学、大阪大学、石川県立看護大学、そして東大附属のレジストリーが報告されています。慶應義塾大学のレジストリーは安藤寿康らを中心に、〇～二歳児をリクルートして一六〇〇組規模で開始した「東京ツイン・コホート・プロジェクト（Tokyo Twin Cohort Project）」と、一四歳

～三〇歳までの約一〇〇〇組を対象にスタートした慶應義塾双生児研究（Keio Twin Study）が報告されています。また、大阪大学からは高齢者を対象とした加齢と、それに伴う病気に関する調査、別々に育てられた成人双生児の調査など、いずれも一九七四年に立ち上げられたユニークなレジストリーが報告されています。石川県立看護大学では、県のレベルでの調査を二〇〇四年から開始したことが報告されています。

世界的にユニークな東大附属の双生児データ

これらの日本、あるいは世界中の双生児レジストリーの中で、東大附属の双生児データは極めてユニークな特徴をもっています。その第一は、一年生から六年生（ふつうの学校でいう中学一年生から高校三年生）までの六年間、東大附属という同じ学校に通った双生児を対象に、学校生活の中で得られた様々なデータが記録・保存されているということです。このようなデータは、世界でほぼ唯一のものといってよいでしょう。中学生・高校生という年代は、胎生期・乳児期と並んで人間の成長にスパートの起こる年代、成長の屈曲点となる年代ですが、この間の心身の成長から、学校生活の様子に関する毎年の記録が保存されているデータというのは、極めて少ないといっていいでしょう。しかも、全員が同じ学校に通っていますので、生活環境の共通性が高い、という利点があります。またデータ蓄積の開始が一九四〇年代の終わりにさかのぼりますので、以来六〇年以上にわたる卒業生の記録が保存されています。戦後間もなく中学に入学した双生児と、高度成長期、あるいは現代の双生児の違いなど、年代による変化を解析することも可能です。東大附属の創立間もなくから現在までの約一〇〇〇組について、これらの貴重な記録が保存されています。なお、東大附属の双生児では約七割が一卵性双生児で、一卵性の割合が比較的高いことも特徴的です。双生児統制法などの手法を用いた解析が行いやすいといえるでしょう。ちなみに、これは一卵性を故意に選んでいるわけではなく、入学検査での結果が一卵性では一致しやすい、ということが原因としてあるようです。

もちろん、これらの記録は特定の研究のために集められたものではありませんので、その利用に際しては、具体的な研究の説明と各卒業生からの同意が必須ですが、その手続きを進める体制作りを、現在では東大附属ならびに東京大学教育学部で進めているところです。また、元々の様々なデータは紙に保存されていましたが、数十年を経て紙の劣化も著しく、貴重なデータが失われる危険が高くなってきたため、この三年あまりでこれらのデータの電子化を、現在考えられる最大限厳重なセキュリティーのもとに進め、その作業も間もなく完了する段階に至っています。今後、世界に類のないこの貴重なデータから、教育、医療等に役立つ様々な解析が進み、日本と世界の社会福祉の向上に役立つことが期待されています。

（ささき・つかさ、東京大学大学院教育学研究科教授）

［注1］お酒やタバコ、薬の服用、おかしなダイエットなどを除いては、このように書いてあるからといって、妊娠中の生活に極端に神経質になる必要はありません。必要な薬の服用については主治医によく相談して下さい。なお妊娠以前から服用中のお薬がある場合には、妊娠する前に主治医に相談することが望まれます。これは発

育初期のほうが薬などの影響が大きい場合が多いからです。

［注2］ＤＮＡはＣ、Ａ、Ｔ、Ｇの四種類の塩基がつながって構成され、その順番に応じて遺伝子から作られるタンパク質の性質などが変わってくるのですが、ある部分の塩基が本来とは別の塩基に置き換わるようなヴァリエーションがヒトのゲノム上には多数（少なく見積もっても数百万ヶ所以上）みられます。

参考文献

進　純郎（二〇〇六）『実地臨床に役立つ双胎管理のすべて』メディカ出版。

Cunnigham, F. G., et al. (Eds.) (2010). *Williams Obsterics*, 23rd ed., pp. 859-889 (Chapter 39, Multifetal Gestation). McGraw-Hill Professional.

International Society for Twin Studies (2006). *Twin Research and Human Genetics*, 9 (6), 701-1041.

Plomin, R. (1990). *Nature and nurture : An introduction to human behavioral genetics*. Brooks/Cole.（Ｒ・プロミン、安藤寿康・大木秀一訳（一九九六）『遺伝と環境——人間行動遺伝学入門』培風館。）

第2章　脳科学から英語教育へのアプローチ

酒井邦嘉

脳科学の進歩によって、心のさまざまな機能が脳のどこにあるか調べられるようになってきました。このように、特定の機能が決まった脳の場所にあることを「機能局在」といいます。最初にこの機能局在という考えを提案したのは、フランスの脳外科医で人類学者だったブローカでした。それはいまから一五〇年前のことです。ところが、この考えに反対して、「どの心の機能も脳全体に宿る」という全体説を唱える研究者が多数現れて、激しい議論が起こりました。この混沌とした状況は、いまなお続いています。まして、言語などの発達メカニズムを脳から調べる研究は始まったばかりです。

言語は、動物の中でも人間だけが持つ脳機能です。人間の言語能力が、その他の心の機能（動物でもある程度まで共有されています）と分けられるかという問題は、アメリカの言語学者のチョムスキーとスイスの発達心理学者のピアジェによる有名な論争（一九七五年）以来、認知科学における中心的な課題でした。チョムスキーは、生得的（先天的）な言語獲得のメカニズムが、一般的な学習メカニズムとは全く異なるものであると主張しましたが、これまでその実験的な検証は困難でした。こうした言語の問題を解決することは、脳科学における究極の挑戦なのです（酒井、二〇〇二）。

酒井研（私の研究室のことです）では、人間の脳のはたらきを画像として捉える機能イメージングの手法を用いて、言語などの機能局在を調べる研究を続けています。言語の基本となる機能がわかれば、人間だけが持つ創造的な能力を脳のはたらきとして説明できるのではないかと考えています。そのためには、生得的な言語能力と後天的な学習能力の両方を明らかにすることが必要です。生得的な言語能力には主に遺伝の要因が、後天的な学習能力には主に環境の要因が関わっていますから、その意味でも、遺伝と環境の要因を共有する双生児を対象とする研究がとても大切なのです。

東大附属と酒井研の共同チームは、学校の授業における脳の発達過程の一端を、二〇〇四年に世界で初めて明らかにしました（Sakai et al. 2004）。この研究は、第二言語（外国語）である英語の習得過程に注目して、英語の文法知識が実際に脳にどのようにして定着していくのかという疑問に答えるものでした。双生児が本格的な脳研究に初めて参加したこの研究は、英語で書かれた論文だけでなく、すでに一般書など（酒井、二〇〇九／二〇一〇）でも紹介していますので、本章ではその要約を述べたうえで、附属との共同研究によるその後の成果について、これまで行ったプレス発表の資料をもとにまとめてみたいと思います。

これらの成果は、科学研究と学校教育の連携によって初めて可能になったものです。この場をお借りして、これまでの研究にご協力いただいた双生児研究委員会や英語科の先生方と、興味を持って参加してくださった生徒および保護者の皆さまに厚くお礼を申し上げたいと思います。

1　中一英語で「文法中枢」の活動が双生児で相関

この最初に行った共同研究では、第二言語の授業法の検討に役立てることを目標として、英語の習得過程を脳活動の変化として捉えるための調査を行いました。附属の一年生（中一に相当）の全生徒に対し、英語のヒアリング能力と文法運用能力の向上を促すトレーニングを二ヶ月間の授業時間に実施したうえで、その中の双生児に対して、トレーニングの前後における脳活動の変化をＭＲＩ（磁気共鳴画像法）装置で計測しました（Sakai et al., 2004）。

ＭＲＩとは、磁場に対する水素原子の応答性を測定して、脳などの組織の構造を画像化する手法です。全く傷をつけることなく生きている組織をそのままの状態で繰り返し観察できるので、世界中で広く使用されています。また、ＭＲＩ装置で脳機能を測定する手法のことは、「機能的（functional）」の頭文字をつけて、ｆＭＲＩ（機能的磁気共鳴画像法）と呼ばれています。その原理は、脳内の神経活動に伴う血流変化をＭＲＩ信号の変化から測定し画像化するもので、ｆＭＲＩは人間の脳活動を観察するためになくてはならない手法となっています。ｆＭＲＩは一九九二年に報告され、私もその翌年からずっと使い続けています。

この実験の結果、英語の成績（動詞の現在形から過去形を答えるテスト）の向上に比例して、左脳の前頭葉にある「ブローカ野」のみに活動の増加が見られました。ブローカ野とは、人間の言語機能の一

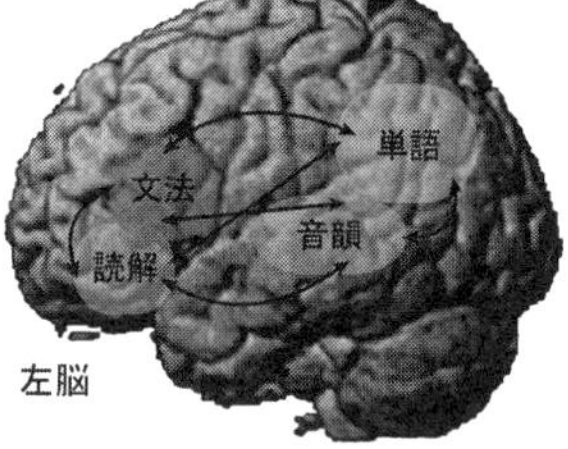

図１　人間の左脳の言語中枢

前頭葉（図の左側）に「文法中枢」と「読解」に関わる中枢があり，側頭葉から頭頂葉にかけての領域（図の右側）に「音韻（アクセントなど）」と「単語」の中枢があると考えられている．

部が局在すると考えられてきた前頭葉下部の一領域（ブロードマンの四四・四五野）で、前述のブローカが発見しました。この領域を損傷すると発話時に失語（言語障害）が起こるため、長らく「発話の中枢」と考えられてきましたが、文法機能を司る領域として、近年注目されています。

この活動の増加が見られた脳の場所は、これまで明らかにされてきた「文法中枢」の一部であり、日本語による同様の課題で見られた活動の場所と一致しました。文法中枢とは、人間の言語の文法処理に特化していると考えられる一領域（ブロードマンの四四・四五野と六・八・九野の一部を含む）で、ブローカ野の一部とそのすぐ背側の部分に対応します（図１）。

この一年の生徒たちに見られた文法中枢の活動変化は、双生児の各ペア間でほぼ一致しました。脳機能の変化が双生児で一致したことから、双生児が共有する遺伝と環境の要因によって授業の教育効果が変化すると予想されます。少なくとも中学一年では、英語が上達すると、日本語を使うときと同じ文法中枢の活動が上昇するのです。

このように、実践的な教育効果が、個人の脳の学習による変化として、科学的にそして視覚的に捉えられたことは、意義深いものです。これまで、授業の教育効果を測定し評価するときには、生徒を実験群（その授業を行うグループ）と対照群（その授業を行わないグループ）とに分け、その授業の前後で行う「確認テスト」の得点差を統計的に計算して分析するという手法（分散分析）が用いられてきました。しかし、こうした統計的な手法では集団全体の教育効果を評価することはできますが、生徒個人の教育効果を直接的に測定することはできません。今回のｆＭＲＩを用いた方法は、個人の教育効果を直接的に測定する可能性を示すものとして、これからの教育の評価法やあり方に非常に大きな影響を与える可能性があります。さらに、研究のために特殊なトレーニングを実施するのではなく、日常の学習活動をトレーニングと位置づけて研究の対象としたこの成果は、学校教育を対象とする世界初の脳研究でした。

2　英語力の個人差に関係する脳部位を脳活動で特定

海外のｆＭＲＩの実験では、二つの言語による活動領域がブローカ野の中で分かれているという報告がありましたが、その後この結果を再現する報告はなされていません。また、第二言語を習得した時期や習熟度が違っても、ブローカ野の活動に差が見られなかったという実験結果や、習得時期が遅い方がブローカ野の活動が強まるという報告が現れて、母語と第二言語におけるブローカ野の役割は不明な点が多く残されていました（酒井、二〇〇二）。

上で述べたように、学校の授業を通して得られた英語の成績に相関して、脳の「文法中枢」の活動が高まることがすでに明らかになりましたが、さらに中学・高校の学習を経て英語の知識が定着してくる大学生において、英語の熟達度（動詞の過去形のテストで、不規則動詞に対する正答率）が高くなるほど文法中枢の活動が節約されていることがわかりました（Tatsuno & Sakai, 2005; Sakai, 2005）。次の問題は、このような文法中枢の機能変化が、英語の習得開始の年齢が違っても観察されるかどうかを明らかにすることでした。

この一連の研究では、脳科学の観点から教育の問題に取り組む際の指針となるようなデータを蓄積することを目指しています。そのために、モデル・ケースとして英語教育に注目して、ともすれば客観的な評価・判断をしにくい教育のさまざまな場面に厳密科学を持ち込むことで、教育の効果を脳機能の変化として直接的に捉えることを目標にしています。

次に紹介する調査（Sakai et al., 2009）の参加者は、日本語を母語とする右利きの中高生三〇名です。そのうち一八名は東大附属の生徒で、英語の習得開始が中学一年である生徒のみを対象としました（ここでは「短期習得群」と呼ぶことにします）。残り一二名は加藤学園暁秀高等学校・中学校の生徒で、英語で一般教科を学ぶ日本初の「英語イマージョン・プログラム」（一日の五〇〜七〇パーセントが英語での授業、残りの時間が日本語での授業）を実践している加藤学園において、暁秀初等学校の一年

（小学一年）より継続してこのプログラムに参加している生徒を対象としました（ここでは「長期習得群」と呼びます）。すべての参加者は海外の長期滞在経験がなく、日本だけで英語教育を受けています。

ここで用いた二つの言語課題は、英語の文を文字で視覚的に提示して、文法的に正しい文かどうかを答える「文法課題」（Esyn: English syntactic task）と、同じ文で用いられている単語の綴りが正しいかどうかを答える「綴り課題」（Espe: English spelling task）です。どちらの課題でも、正しいと思ったときは右のボタンを、誤りだと思ったときは左のボタンを押すよう生徒に指示しました。

これらの課題を行っているときの脳活動をｆＭＲＩで計測して、「文法課題」に対する脳活動から「綴り課題」に対する脳活動を差し引くことにより、文処理に選択的な脳活動を抽出しました。一般に、一つの課題で見られる脳活動を測っても、それがその課題に選択的かどうかがわかりません。そこで、これとは別の課題や条件を対照条件として設定して、両者の脳活動に十分な差（統計的な有意差を意味します）が観察されたときに、対照条件には含まれない成分が抽出できたと考えるのです。

短期習得群に対しては、英語動詞の文法的な使用法に関するトレーニングを二ヶ月間の授業時間中に実施して、これらの課題を行っている最中の脳活動の変化をトレーニングの前後でｆＭＲＩによって計測しました。また、長期習得群に対しては、トレーニングなしで同じ課題を行っている最中の脳活動をｆＭＲＩによって一回だけ測定しました。トレーニング後の短期習得群の成績（平均値）は長期習得群の成績と等しいため、両者に見られた脳活動の違いは、成績や対象年齢からは説明できません。

まず、短期習得群のトレーニング後の結果を見てみましょう。文処理に選択的な脳活動は、左脳の前

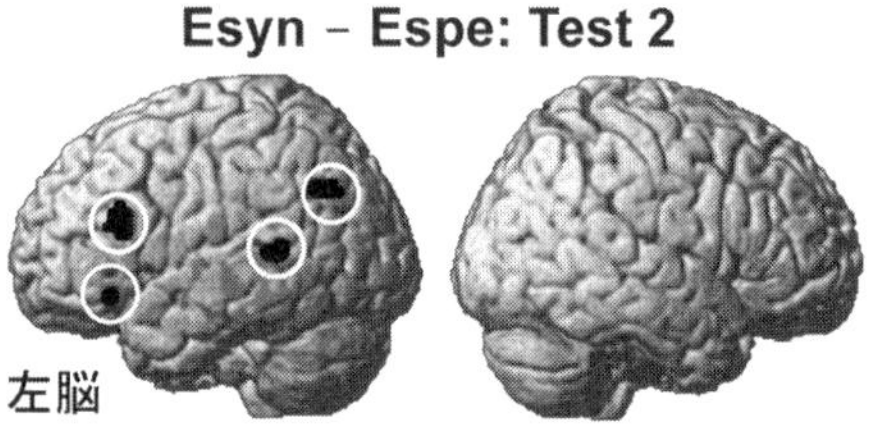

図２　英語の短期習得群が示した文処理に選択的な脳活動（トレーニング後）

左脳の言語野に局在した活動の上昇（黒の部分）が観察された．特に，文法中枢（左脳，左上の○）の活動と，読解に関わる中枢（左脳，左下の○）の活動が注目される．「音韻」の中枢（左脳，右下の○）と「単語」の中枢（左脳，右上の○）にも活動が見られた．

頭葉下部にある「文法中枢」（ブロードマンの四五野）と、この文法中枢より腹側にある「読解」に関わる中枢（同四七野）の両方に、特に強く観察されました（図２）。読解に関わる中枢は、人間の言語の文章理解（文間の意味的なつながりなど）に特化すると考えられる左脳の前頭葉下部の一領域です。さらに、左脳の側頭葉の上部から頭頂葉の下部に広がる「音韻」と「単語」の中枢にも脳活動が見られました。図1と図2を見くらべると明らかですが、これら四つの活動領域は、さまざまな言語課題を用いて大人の母語話者（ネイティブ・スピーカー）を対象に調べてきた言語中枢とすべて一致します。一方、長期習得群や、日本語による同様の課題では、一部の中枢にしか活動が見られませんでした。したがって、短期習得群の生徒たちは、言語中枢のすべてをフル稼働させながら問題を解こうとしていることが、これらのデータから読み取れるのです。

また、文法中枢の脳活動と文法課題の成績は、短期習

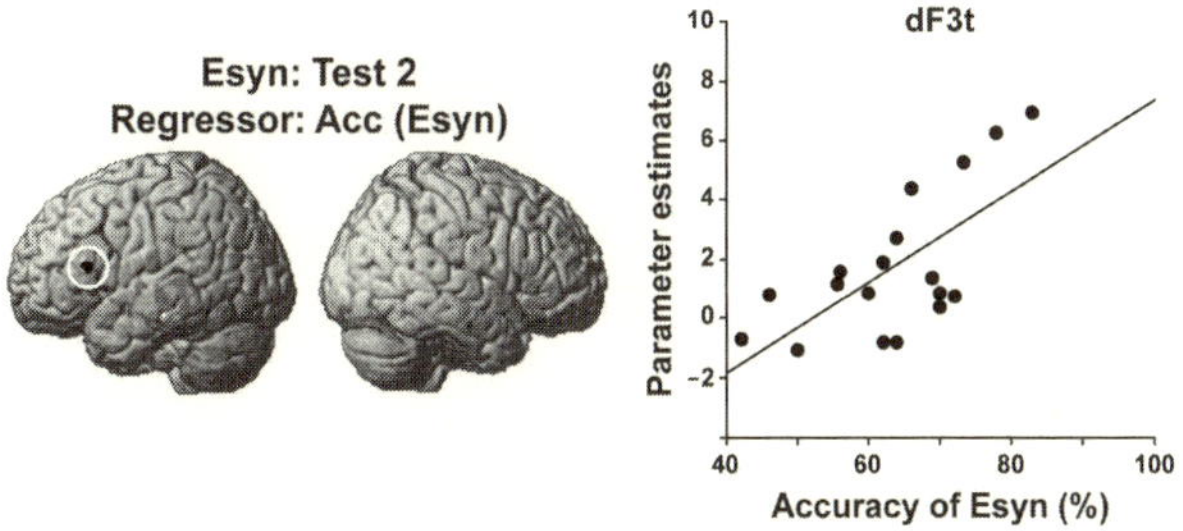

図３　英語の短期習得群が示した脳活動（トレーニング後）と文法課題の成績との関係

文処理に選択的な「文法中枢」（dF3t, 脳の図の○）の活動（右のグラフの縦軸）が，文法課題の成績（右のグラフの横軸）と正の相関を示した．右のグラフの黒丸●は，それぞれ短期習得群の１人のデータを表す（カバー裏表紙を参照）．

得群で正の相関（活発化）を示しました（図３）。つまり、英語の成績が高いほど、文法中枢の活動が上昇するということです。そして正の相関を示す脳の場所は、文法中枢以外にはありませんでした。文法中枢は、確かに英語力の個人差と密接に関係する脳部位の一つであり、その活動を測れば、英語の成績がわかることになります。未来の学校では、入学試験や期末試験の代わりに生徒たちがＭＲＩ装置に入るようになるかもしれません。脳は嘘をつきませんから、脳の反応のしかたを見れば学力もわかるというわけです。

一方、長期習得群では全く事情が違うことがわかりました。文法課題の成績と正の相関を示す脳活動が、脳中のどこにも見つからなかったのです。それでもあきらめずにいろいろと試してみたところ、脳の中でたった一箇所だけ文法課題の成績と負の相関（非活発化）を示す脳活動が見つかりました（次のページの図４）。しかもその場所は、またしても文法中枢だったのです。

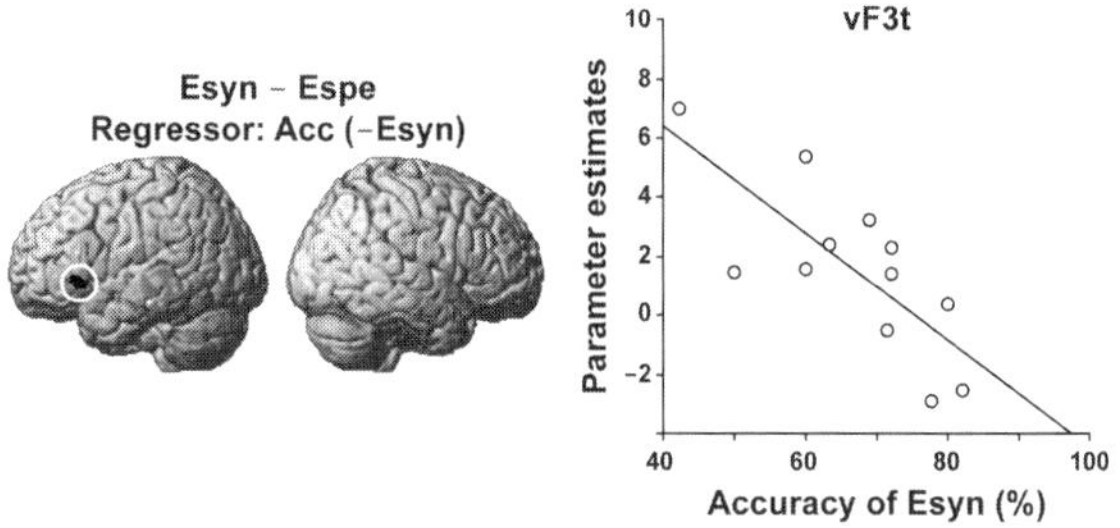

図４　英語の長期習得群が示した脳活動と文法課題の成績との関係

文処理に選択的な「文法中枢」（vF3t, 脳の図の○）の活動（右のグラフの縦軸）が，文法課題の成績（右のグラフの横軸）と負の相関を示した．右のグラフの白丸○は，それぞれ長期習得群の１人のデータを表す．

つまり、英語の成績が高いほど、文法中枢の活動が減少し、節約されるということです。同じ仕事をするのに、熟練した結果として脳活動が「省エネ型」になっている方が効率が良いわけですから、これは理にかなった変化だといえるでしょう。今回は短期習得群と長期習得群の学習期間の違いが六年でしたから、その熟練の違いがあらかじめ区別できてさえいれば、脳の反応のしかたを見て学力もわかるという見込みに変わりはないのです。

こうした結果で勇気百倍となって、脳活動と反応時間（英語文を提示してからボタンを押すまでの時間、ＲＴ reaction times）の関係についても調べてみました。できるだけ素早くボタンを押すように教示しているので、個人ごとに見られる反応時間の差は、主に英語の文を処理するための時間を反映しています。その結果、短期習得群の反応時間と正の相関を示す脳活動が、「読解」に関わる中枢と「単語」の中枢に見つかりました（図５）。

心理学を学んだことのある方は、かえってこの結果を

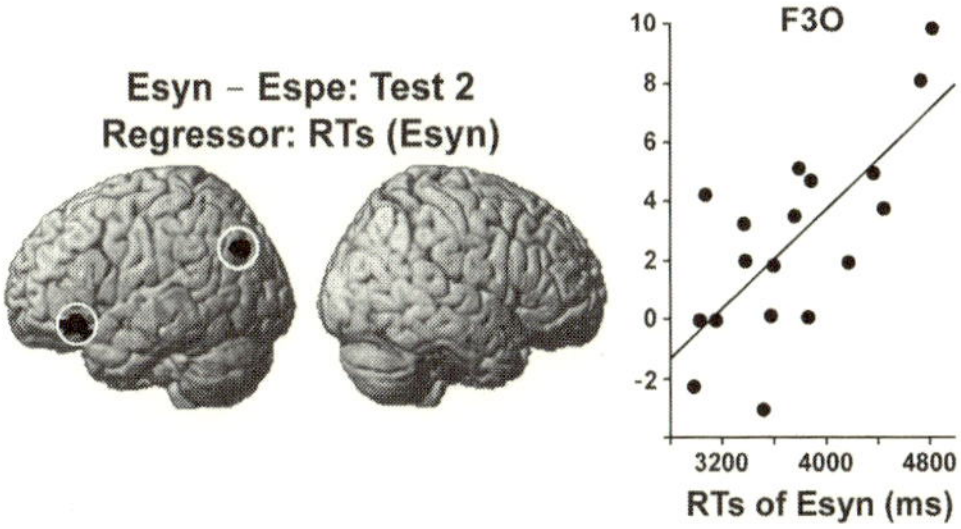

図５　英語の短期習得群が示した脳活動と文法課題の反応時間との関係

文処理に選択的な,「読解」に関わる中枢（F3O, 脳の図左下の○）の活動（右のグラフの縦軸）が, 英語の文を処理する時間（RTs, 右のグラフの横軸）と正の相関を示した.「単語」の中枢（脳の図右上の○）の活動も同様に正の相関を示した. 右のグラフの黒丸●は, それぞれ短期習得群の１人のデータを表す.

不思議に思われたかもしれません。というのは、多くの場合、成績と反応時間は反比例するからです。成績が高いほど短い時間で答が出ると考えられ、短期習得群の脳活動が成績と正の相関を示したなら、反応時間とは負の相関を示さないといけないはずです。この表面的な矛盾は、次の二つの事実によって解消します。第一に、今回の課題では成績と反応時間が全く無関係でした。パッとひらめいて正答になる場合だけでなく、落ち着いて考えて正答になる場合もあるためだと考えられます。第二に、成績と正の相関を示した場所と、反応時間と正の相関を示した場所では、明らかに別の領域であり、異なる役割を持った言語中枢なのです。このように、表面的な知識だけにとらわれることなく、じっくりとデータを吟味しないと、深い理解には到達できないことがわかります。

それでは、長期習得群ではどうでしょうか。文法中枢と文法課題の成績の間に見られた負の相関と同様に、

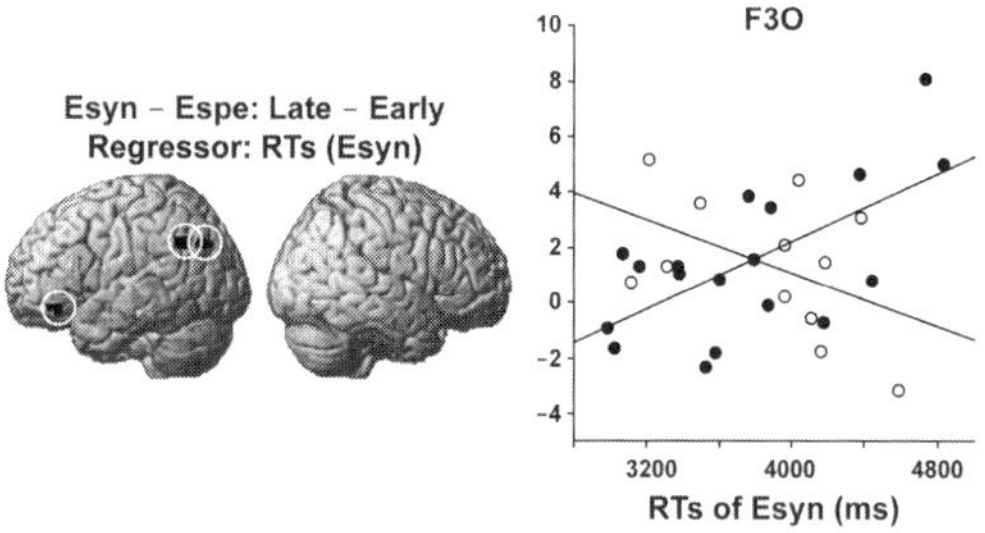

図６　英語の短期習得群と長期習得群が示した脳活動と文法課題の反応時間との関係

文処理に選択的な「読解」に関わる中枢（F3O，脳の図左下の○）の活動（右のグラフの縦軸）が，英語の文を処理する時間（RTs，右のグラフの横軸）に対して，短期習得群と長期習得群では相関の逆転を示した．「単語」の中枢（脳の図右上の２つの○）の活動も同様に相関の逆転を示した．グラフの黒丸●はそれぞれ短期習得群の１人のデータを表し，白丸○はそれぞれ長期習得群の１人のデータを表す．

読解に関わる中枢と単語の中枢がまたしても反応時間に対して負の相関を示したのです（図6）。これは、実験前には全く予想しなかった、相関の「二重の逆転現象」です。成績の場合は、短期習得群と長期習得群で相関を示した部位が、文法中枢の中でも背側（dF3t）と腹側（vF3t）というように少し離れていましたが、反応時間の場合は、全く同じ部位でこの逆転現象が観察されました。それは、とても興味深い現象なのです。以上の結果は、英語力がこれらの言語中枢の複合的な機能変化によって担われていることを示しています。

この最後の結果を解釈するためには、さらに深い思考が必要です。読解に関わる中枢の役割に注目して考えてみましょう。グラフの黒丸●で示した短期習得群は、時間をかけてじっくり読むほど読解の負荷が高いことを示しています。

一方、白丸〇で示した長期習得群は、短時間で読んで瞬時に判断できるほど読解の負荷が高いことを意味します。この結果は、英語に触れる時間によって読解のしかたが、確かに脳のはたらきとして変化することを示唆しています。実際、文法の判断は理屈ではなく「直感的に」判断できるものなので（たとえば「太郎が本に読む」の間違いがすぐにわかるように）、読解のしかたが短期習得群のものから長期習得群のものへと変化することは、確かに理にかなっているわけです。個人差も含めて、このような学習の過程が科学的に捉えられるようになったのは、画期的なことだと思います。

また、英語の習得期間の違いが個人の脳活動の変化として捉えられたことは意義深いものです。従来、英語力の個人差は、対象年齢や課題の成績などの要因から分離することが困難でしたが、今回のｆＭＲＩを用いた方法は、個人の学習の到達度を直接的に測定できる可能性を示しています。われわれのチームが中学生や大学生を対象にして行ってきたこれまでの実験成果なども総合すると、英語習得の初期に文法中枢の活動が高まり、中期にその活動が維持され、文法知識が定着する後期には活動を節約できるように変化すると考えられます。

今回、英語の習得期間が異なる二群の中高生を対象として、小学生から中高生にかけての英語習得にも同様の文法中枢の機能変化が明らかになったことにより、外国語としての英語の定着は習得開始の年齢だけでは説明できず、六年以上にわたる英語接触量の重要性が示されました。こうした長期にわたる英語習得の過程が、文法中枢および読解に関わる中枢のダイナミクスとして観察できるというこの新しい成果は、広く教育の見地からも重要です。

さらに、英語の習得開始の年齢が異なっていても、外国語としての英語の定着が同様に生じるという知見は、外国語習得の初期に生じる不安感の軽減に役立ち、学習法の効率を評価する際にも役立ちます。複雑な文法知識をいかに効率よく身につけるかという問題は、第二言語の教育が直面する壁の一つです。今回の研究から、最適な教育方法を選択するためには、学習の到達度を脳のはたらきとして直接的に評価することが役立つと考えられます。このような客観的な教育評価法に基づく新たな教育方法が、今後ますます重要になっていくことでしょう。

3 語学の適性に関係する脳部位を局所体積で特定

イギリスのプライスらによるＭＲＩの実験（Lee et al. 2007）では、母語の語彙量（語義の知識の正確さに関するテストの成績）が、左右両側の下頭頂皮質（後縁上回、図1の「単語中枢」に当たる）の灰白質密度と相関することが報告されています。しかし、単語の習得は基本的に記憶力の問題であり、「語学の適性」を適切に評価しているとはいえません。一方、古典的な剖検を用いた研究（Amunts et al. 2004）では、六〇ヶ国語以上の言語を流暢に話したといわれる一人の言語天才（通訳者として活躍したそうです）の脳を死後調べたところ、ブローカ野に特徴的な所見が認められました。そのブロードマン四四野は普通の人よりも対称的で、四五野は普通の人よりも非対称的（左右の体積が違う）という結果でした。ただし、この二つの領域のどちらが大切なのか、それとも両方とも必要なのかはわかっていません。こうした研究の一方で、文法能力などの語学の適性が脳のどのような構造的な特徴と関係があるかについては、全くわかっていませんでした。そこで、語学の適性に関係する脳部位を、年齢や習得期間と独立した要因として明らかにすることが大切だと考えました。

今回新たに実施した調査（Nauchi & Sakai, 2009）では、語彙に関する知識だけでなく、文法性の判断のように「自然に」発揮される言語能力が特に重要だと考え、両者を比較の対象としました。参加者は、英語を外国語として習得中の中高生（日本人）と成人（海外からの留学生）で、計九五名です。その内訳は以下の通りです。

（A）日本語を母語とする右利きの中高生――七八名

英語の習得開始が中学一年で一年以上英語を習得した一四歳から一八歳の附属の生徒。二ヶ月間の授業時間中に、英語動詞の文法的な使用法に関するトレーニングを実施して、そのトレーニング後の調査結果を使用しました。

（B）英語圏以外の国から来日している留学生――一七名

ブルガリア語・中国語・クロアチア語・インドネシア語・フィリピン語・トルコ語などを母語とする（英語を母語としない）、六歳以降に六年以上英語を習得した二〇歳から四一歳の成人留学生。

（B）群を含めたのは、個人差を年齢や母語の影響も含めて幅広く評価したかったためですが、解析を（A）の中高生のみに限定してしても以下に述べる結果は同じでした。

$$AI = \frac{\text{Original GM} - \text{Mirrored GM}}{(\text{Original GM} + \text{Mirrored GM})/2}$$

図７　非対称性指数の定義

Original GM：元の灰白質の脳体積，Mirrored GM：その反対側の脳体積

用いた二つの英語の適性テストは、上で述べた「文法課題」（Esyn）と「綴り課題」（Espe）です。文法課題によって英語の文法能力が評価でき、綴り課題によって語彙に関する知識を調べることができます。これらの適性テストでの成績に加えて、年齢、性別、利き手指数（右利きの度合い）の違いを含めて、脳の局所体積との相関を調べました。これは、左脳優位性に性差があるという一部の報告を考慮したためです。また、右利きの人の約九六パーセントは言語機能が左脳に局在していることが知られており、右利きの度合いが強いほど左脳の優位性が顕著になるという可能性も考慮しました。

脳科学のデータとして、脳の局所体積をＭＲＩの三次元画像から測定し、その個人差を詳細に分析しました。脳の灰白質や白質の局所体積の算出には、ＶＢＭ法（voxel-based morphometry）と呼ばれる形態学的な解析を用いています。さらに、脳画像の各画素（voxel）ごとに、灰白質（ＧＭ gray matter）の局所体積から、左脳と右脳の対応部位の〝非対称性〟を測る「非対称性指数（ＡＩ asymmetry index）」を計算しました（図７）。左脳でこの非対称性指数が正の値を示せば、脳の局所体積に「左側方化（左脳優位性）」が生じていることがわかります。

そこで、英語の適性テストの成績と高い相関を示すような、脳の局所体積の

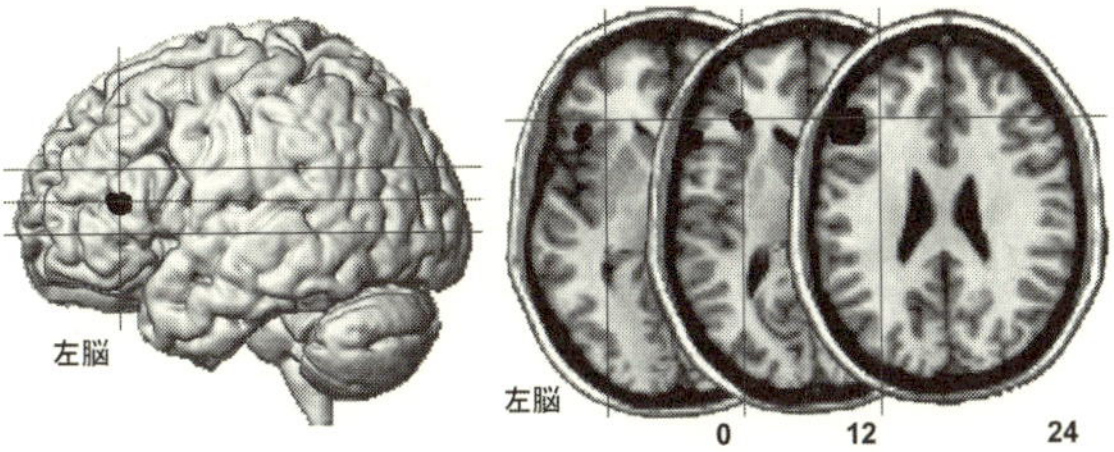

図８　文法課題の成績と相関する下前頭回の左側方化（左脳優位性）

全脳の中で「文法中枢」（ブロードマン 45 野）のみが文法課題の成績と相関を示し（右の断面図中央で十字線が交わる部分と，左の側面図左中ほど），脳機能イメージングで示された脳活動の場所（右の断面図３枚とも左上にある黒の部分）と前後および高さの位置が一致した．左図は左脳（L）の外側面（左が前側）であり，水平線で切断した３つの断面を右図に示す．左図の垂直線と右図の水平線が対応する（カバー裏表紙を参照）．

非対称性指数を調べてみました。その結果、左脳の前頭葉下部の一部（ブロードマン四五野）の非対称性指数は、文法課題の成績と選択的に相関することがわかりました（図８・カバー裏表紙の赤色）。この場所は、上で説明したｆＭＲＩ実験（図２参照）で脳活動が観察された場所（図８・カバー裏表紙の緑色）のすぐ内側にあり、どちらも「文法中枢」に含まれます。しかも、全脳の中でこの「文法中枢」のみが文法課題の成績と相関した「左側方化（左脳優位性）」を示すことが明らかになりました。

さらにくわしい解析を行ったところ、左脳の下前頭回の非対称性指数は文法課題の成績と強い正の相関を示しましたが、年齢とは負の相関を示すことがわかりました（図９の左図）。つまり、下前頭回の左側方化は文法能力が高いほど顕著であり、年齢が高いほど左側方化が目立たなくなると

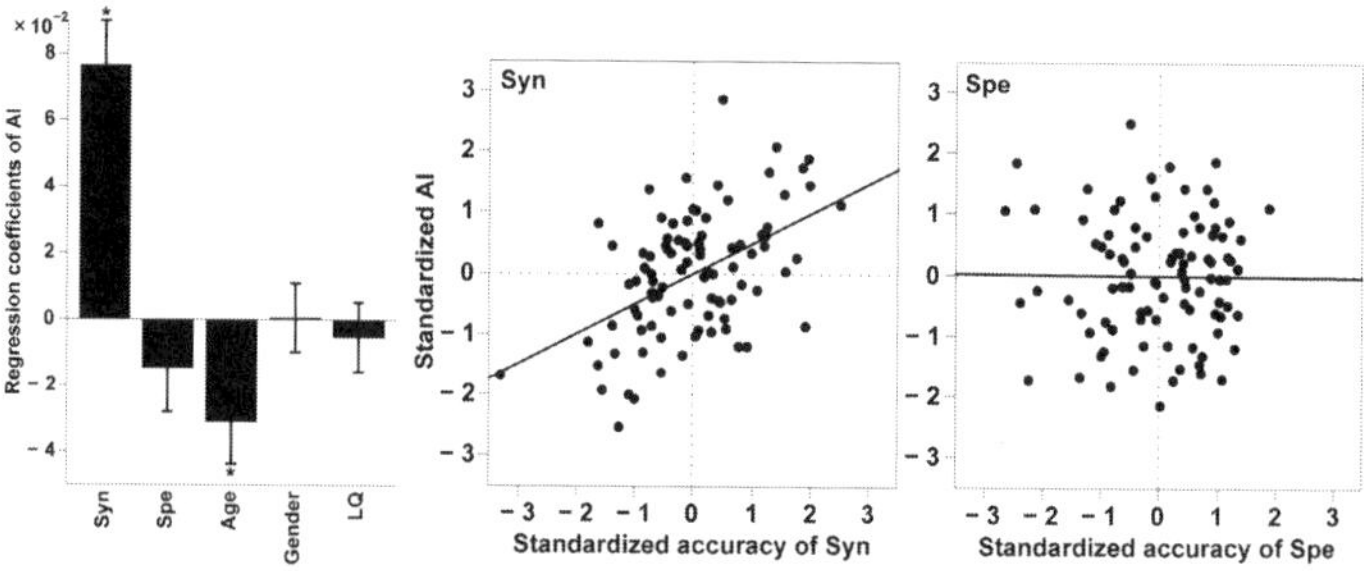

図９　下前頭回の左側方化が示す文法課題の成績との選択的な相関

95名の参加者全員に対する解析結果．（左図）下前頭回の非対称性指数（AI）は文法課題の成績（Syn）と正の相関を示し，年齢（Age）とは負の相関を示したが，綴り課題の成績（Spe）や性別（Gender），利き手指数（LQ）とは相関を示さなかった．グラフの縦軸は各要因に対する重回帰分析の回帰係数を示す．（中図）さらに偏相関を調べたところ，正規化した非対称性指数（縦軸）は，正規化した文法課題の成績（横軸）と有意な相関を示した．（右図）その一方，非対称性指数は綴り課題の成績と全く相関を示さなかった．したがって，下前頭回の左側方化は文法能力に選択的であると結論される．

いうことです。年齢が左側方化に対してむしろ逆の効果を持つことから、思春期以降の成長や英語の習得経験が左側方化を促進するという可能性を除くことができます。

一方、綴り課題の成績や性別、利き手指数については、左脳の下前頭回の非対称性指数と有意な相関がありませんでした。他の要因をすべて除いて正規化した（平均を〇とし、標準偏差を一とすること）非対称性指数は、正規化した文法課題の成績と有意な正の相関を示しましたが（図9の中図）、綴り課題の成績とは全く相関を示しませんでした（図9の右図）。また、下前頭回の左側方化には、左脳の「文法中枢」の体積増大と右脳の対応部位の体積減少の両方が寄与することを確認しました。

さらに同様の解析を中高生のみで行ったところ、上記と同様の結果を得ました。つまり、中等教育という限られた期間に英語を習得しただけでも、下前頭回の左側方化には文法能力と選択的に相関した明瞭な個人差が観察できるということです。なお、一般に相関関係だけからはその因果関係がわかりませんので、下前頭回の左側方化と文法能力の高さのどちらが原因で結果であるかは未知です。

以上の結果をまとめると、脳の下前頭回という部位の局所体積において、右脳の対応部位より左脳の方が大きいという〝非対称性〟の程度が、文法課題の成績に比例することがわかりました。さらにこの脳の部位は、これまでわれわれのチームが明らかにしてきた「文法中枢」と一致しました。語学の適性に関係する脳部位を、年齢や習得期間と独立した要因として特定したのは初めてのことで、脳の局所的な構造が文法獲得の適性に関係することが強く示唆されます。今回の成果は、各個人の語学の適性を知るうえで最初の脳科学データであり、語学教育の改善や、脳の左右差という謎の解明へとつながるものと期待されます。

ここで、左側方化が強いことの意味をもう少し説明しましょう。左脳と右脳の対応部位は、すべて脳梁線維によって結びついており、互いに脳活動を抑制し合っていると考えられます。下前頭回の左側方化が強ければ強いほど、左下前頭回に対する右下前頭回からの抑制が相対的に弱いため、左脳にある文法中枢の「可塑性（柔軟性）」が増す可能性があります。このことが、外国語の習得における柔軟な適応を可能にして、語学の適性を高めるものと考えられます。

こうして、語学に必須の文法能力の個人差には、脳活動に対する習得期間だけでなく、脳の構造も関与することが明らかになりました。英語力の個人差の要因を脳科学の手法で定量的に計測できるという本成果により、言語獲得のメカニズムの解明がさらに進むものと期待されます。確かに、複雑な文法知識をいかに確実に身につけるかは、外国語の教育が直面する壁の一つです。今回の研究から、語学教育には各個人の適性を客観的かつ直接的に評価することが役立つと考えられます。このように客観的な評価結果に基づいた各個人に適した教育、すなわち「テーラーメイド教育」という新しい考え方が今後重要になっていくことでしょう。

脳科学における未解決の謎の一つに、脳の左右差の問題があります。人間には固有の言語機能に対して「左脳優位性」がありますが、人間以外の霊長類でこのような脳機能の非対称性は知られていません。今回の研究は、言語の文法習得において脳の構造的な非対称性が重要な役割を担っていることを示すものので、人間の左脳優位性が言語機能の個人差と関わることを明らかにした初めての知見です。

以上のようなＭＲＩを用いた方法は、個人の潜在的な能力を直接的に測定できることを示すものとして、これからの教育法に大きな影響を与える可能性があります。今後、こうした研究成果が突破口になって言語の獲得機構の解明がさらに進み、語学教育のさらなる改善につながることを期待しています。

（さかい・くによし、東京大学大学院総合文化研究科教授）

参考文献

酒井邦嘉（二〇〇二）『言語の脳科学——脳はどのようにことばを生みだすか』中央公論新社（中公新書）。
酒井邦嘉（二〇〇九）『脳の言語地図』明治書院。
酒井邦嘉（二〇一〇）「脳の発達と言語習得」、東京大学教育学部附属中等教育学校編著『新版　学び合いで育つ未来への学力——中高一貫教育のチャレンジ』明石書店、一五〇—一五七頁。
Amunts, K., Schleicher, A., & Zilles, K. (2004). Outstanding language competence and cytoarchitecture in Broca's speech region. *Brain and Language, 89*, 346-353.
Lee, H., Devlin, J. T., Shakeshaft, C., Stewart, L. H., Brennan, A., Glensman, J., Pitcher, K., Crinion, J., Mechelli, A., Frackowiak, R. S. J., Green, D. W., & Price, C. J. (2007). Anatomical traces of vocabulary acquisition in the adolescent brain. *Journal of Neuroscience, 27*, 1184-1189.
Nauchi, A., & Sakai, K. L. (2009). Greater leftward lateralization of the inferior frontal gyrus in second language learners with higher syntactic abilities. Human *Brain Mapping, 30*, 3625-3635.
Sakai, K. L. (2005). Language acquisition and brain development. Science, 310, 815-819.
Sakai, K. L., Miura, K., Narafu, N., & Muraishi, Y. (2004). Correlated functional changes of the prefrontal cortex in twins induced by classroom education of second language. *Cerebral Cortex, 14*, 1233-1239.
Sakai, K. L., Nauchi, A., Tatsuno, Y., Hirano, K., Muraishi, Y., Kimura, M., Bostwick, M., & Yusa, N. (2009). Distinct roles of left inferior frontal regions that explain individual differences in second language acquisition. *Human Brain Mapping, 30*, 2440-2452.
Tatsuno, Y., & Sakai, K. L. (2005). Language-related activations in the left prefrontal regions are differentially modulated by age, proficiency, and task demands. *Journal of Neuroscience, 25*, 1637-1644.

第3章　双生児研究の二つの顔
——心理学からみる「双生児による研究」と「双生児の研究」

遠藤利彦

1　プロローグ——双生児研究の黎明と展開

古来、人はふたごという存在に強く魅せられてきたのかもしれない。それは、たとえば数奇な運命を背負い、不可思議な見えない糸で結び合わされたものとして、洋の東西を問わず、様々な神話や伝承の中に語り継がれてきた。また、現代に至ってもなお、しばしば小説や映画などのかっこうの題材でありつづけている。ギリシア神話におけるアポロンとアルテミス、ローマ建国王とされるロムルスとレムス、あるいは「ふたりのロッテ」の主人公のルイーゼとロッテ、さらには川端康成の『古都』に描かれた千恵子と苗子、それに、あだち充の漫画・アニメーション「タッチ」における上杉達也と和也など、おそらくは誰もがそれぞれに、印象的なふたごの物語を思い浮かべることができるだろう。

しかし、学知の領域で、双生児がいったいいつごろから、どのようなかたちで関心を集めるようになったのか、実のところ、その正確な特定はたやすいことではないようである。もっとも、心理学との関わりでいえば、その研究の始原を（彼を心理学者といえるかどうかは別にして）一九世紀後半のゴールトンの業績の中に見いだすことができる（Galton, 1875）。彼は進化論の祖であるダーウィンの、祖母の違うとこととしても知られているが、元来、彼の強固な信念の中には、個々人の卓越性や優秀性の差異がそれぞれの家系における血筋に由来するという仮定があったようである。そして、彼はそれを証明するために、時代に先駆けていち早く、双生児を対象とした質問紙調査を行い、一卵性・二卵性双生児の対照を通して人の発達における生まれ（遺伝）か育ち（環境）かという問題を解明する、現代に至る研究デザイン、すなわち「双生児研究法」（twin study method）の礎を築いたのだといえる。当時、まだメンデルの法則も含め、遺伝的機序の実態がほとんど知られていない中、彼は「似ているふたご」と「あまり似ていないふたご」、つまりは今でいう一卵性双生児と二卵性双生児の区別に思いあたり（その方法は、表面的な類似性の程度から両者の別を設け、さらに両者間の様々な側面における類似性の差を質問紙調査で明らかにするという、いささかトートロジカルなものではあったようであるが）前者のきょうだい間の類似性が後者のそれをはるかに凌駕すると結論し、発達における生まれ（遺伝）の絶対的な優位性を主張するに至る。そして、それがいわゆる優生思想のはしりともなるのである。

二〇世紀に入り、ことに一九二〇年代になると「多元的類似診断法」という初期型の卵性診断が行われはじめ、双生児研究は飛躍的に進展することになったようである。そして、心理学の領域ではよく知られるゲゼルによる一卵性双生児に対する双生児統制法（co-twin method）の研究も、ちょうどこのころに行われている。ゲゼルらは、一組の双生児の一方だけに環境上の介入、すなわち様々な運動のトレーニングを施したうえで、双生児きょうだい二人における身体運動の変化を精細に観察し、歩行も含め、その発達の進行にはほとんど差異が認められなかった（介入の効果が見いだされなかった）（Gesell & Thompson, 1929）ことから、またその後、言語や記憶などに関しても同様の知見が得られたことから、いわゆる成熟優位説、すなわち人の発達における遺伝的規定性の強さを認識するに至ったといわれている。

日本においても、世界の潮流にさして遅れることなく、戦前のかなり早い段階から、双生児研究は行われはじめ、戦後、少なくとも一九五〇年代くらいにかけて、ことに東京大学医学部精神科を中心に、非常に組織的かつ精力的に展開されたようである（東大附属の双生児優先入学が一九四八年から開始されたのも、まさにこうした動向の中に位置づけて考えることができよう）。心理学の分野では、（日本の心理学関連の学術雑誌としては最も歴史ある）『心理学研究』の第一巻に小保内虎夫による記念碑的論文「双生児による心的遺伝の研究」（小保内、一九二六）が掲載されており、それは、明確な卵性診断に基づくものではなかったが、一一三組の双生児から心身の様々な特質に関するデータを集め、発達における遺伝と環境の役割について、現代にも通じる興味深い知見を提示している。紙数の関係で日本の双生児研究の歴史についてはこれ以上、踏み込まないこととするが、それは井上英二（一九八七）や詫摩武俊（二〇〇二）などの論文に詳しい。

以上のように、二〇世紀の前半くらいまでは、国内外ともに、ある意味、かなり隆盛を極めたともいえる双生児研究であるが、発達における経験や学習を絶対的に重視する行動主義が台頭し心理学を席巻するようになったこともあり（安藤、二〇〇二）、それは、その後、一時、やや下火になったこともあるようである。しかし、そうした中でも、それがもたらす知見のインパクトは依然として大きかったようであり、特に心理学の領域では、知能指数（ＩＱ）の遺伝的規定性に関して双生児データが盛んに活用され、たとえばジェンセンによるＩＱの人種差に踏み込んだ解析（Jensen, 1969）や、ハーンスタインとマレーによるＩＱと社会的階層との関連性に関する分析（Herrnstein & Murray, 1994）などが、単に学知世界の中での議論にとどまらず、社会的にも広く様々な反響をよび、しばしば物議を醸すようなこともあったのである。

また、概して、双生児データは「生まれか育ちか」論争において、生まれ（遺伝）優位の見方に寄与する知見を多く生みだしてきたといえるわけであるが、研究の歴史の中には、むしろ育ち（環境）優位の考え方を支持すべく、双生児が用いられたケースも少数ながら存在している。たとえば、マネーが、性の社会的構成を裏づけるために行った、いわゆる「性の再割り当て実験」はその最たるものである。彼は、乳児期における包皮切除手術の失敗によって男性器を失ってしまうという不幸に見舞われた一卵性双生児の一人を女児として、無傷のもう一人をそのまま男児として育てるようその両親を説得し、それぞれの性の発達が環境要因たる性的社会化の差異によって生じることを明らかにしようとしたことで知られている（Money, 1975; Money & Tucker, 1975）。マネーによればその実験は成功し、遺伝的に同じ双生児ペアがそれぞれ異なる性を生きることになったことから、性の発達が育ちによるものであることが証明されたとし、それは、当時のジェンダー・フリーの思潮などともあいまって、ひところ、大々的に喧伝されたこともあったようである。しかし、今では、その女児として育てられた生物学的男児が実は早くから女という性に強い違和感を覚え、思春期以降、再び自ら男性として生きる途を選んだことが確かめられており（Colapinto, 2000; Diamond & Sigmundson, 1997）、その人道にもとる実験の性質から、双生児研究の歴史に暗い影を落としている。

このように、双生児研究には少なくとも一五〇年ほどの歴史があり、時代時代のイデオロギーとも複雑に交錯する中、様々な紆余曲折を経て、今日に至っているわけであるが、その「生まれか育ちか」問題の解明に対して果たす役割は今なおいっこうに揺るがないものとしてありつづけている。それどころか、その重要性に関する認識は近年、とみに高まってきているといえ、そのことは、世界各地で、ときには数万組もの双生児データを扱うような、大規模な研究プロジェクトが複数、進行してきていることからも明らかであろう。もっとも、ゴールトン以来、双生児研究にはいわゆる「双生児に
よる研究」（双生児を調査対象として用いて人一般に関する発達の原理を明らかにする）と「双生児の研究」（双生児という存在そのものの特異性を明らかにする）のという二つの顔があるといわれているが、一貫して研究の主流としてあったのは前者であり、後者はその陰であまり日の目をみてきてはいないのかもしれない。以下では、「双生児による研究」の基本的な方法を紹介したうえで、それがどのような知見をもたらしてきたのかを、心理学的な研究知見を中心に概括し、そして、本来、それが「双生児の研究」と手を携えながら、慎重に展開され、また解釈されなくてはならないものとしてあることを論じることにしよう。さらに「双生児の研究」の必要性と可能性にも言及し、東大附属の双生児データが、潜在的に、この「双生児の研究」において大きな貢献をなしうるのではないかということを提言したいと考える。

2　「双生児による研究」の基本的な方法

前節では、ゴールトンによって「双生児研究法」、またゲゼルによって「双生児統制法」の土台づくりが行われたということについてふれたわけであるが、それらはいずれも「双生児による研究」の主要な方法と考えることができる。後者は、遺伝的に同じ一卵性双生児きょうだいに、それぞれ異なる実験的介入を行う（異質な環境条件にさらす）中で、その効果の差異を検証するという、ある意味、純粋に実験デザインという視点からのみみれば、理想的な方法ともいえるわけである（安藤、二〇〇〇）が、先のマネーによる「性の再割り当て実験」などからもみてとれるように、倫理的に難しい問題を孕むことも少なくはなく、少なくとも人間の双生児においてそれを用いた研究は相対的に少数にとどまるというのが実状である。それに対して「双生児研究法」を適用した研究はきわめて多く行われてきており、特にそれは行動遺伝学の最もドミナントな研究パラダイムとして、これまでにあまたの革新的な知見を生みだしてきている（安藤、二〇〇一）。

方法論に関する厳密な説明は他書（安藤、二〇〇〇、二〇〇一／小出・山元、二〇一一／Plomin, 1989 [1994] など）に委ねるが、専門的な術語をそのまま用いていえば、行動遺伝学では、表現型の個人差分散を、遺伝子型の分散による説明率とその残差としての環境の分散による説明率に分割して表現する。これを平たくいうならば、身長や体重、知能や学力、あるいは種々の心理社会的適応性やパーソナリティなど、現に具体的な測定値として得られるような、ありとあらゆる形質や特性（＝表現型）に現れる私たち一人ひとりの違いが、それぞれに関与していると想定される遺伝的要因（＝遺伝子型）の個人差によって、どれだけ説明されるのかを数値（パーセンテージ）として示し、さらに、それによって説明されないところを一人ひとりが成育してきた環境の違いによるものと仮定し、数値で表すのである。ちなみに前者の遺伝的要因の差異によって説明される比率を一般的に遺伝率（heritability）というが、後者の環境的要因の差異によって説明される比率については、さらにそれを二つに分け、共有環境による説明率と非共有環境による説明率として表現する。行動遺伝学は一つの理論的前提として、一つの家庭に二人のきょうだいが成育することを仮定するが、その二人のきょうだいが共通して経験し、さらにそれによって両者に近似性がもたらされるような環境による影響の大きさを共有環境による説明率、他方、家庭外での体験も含め、二人のきょうだいが個別に経験し、結果的に両者に異質性をもたらすような環境による影響の大きさを非共有環境による説明率とよぶのである。無論、同じ家庭で育ってもその中できょうだいが必ずしも同じ経験をするとは限らないため、完全に合致するわけではないのだが、概して、前者の中核としては、親のしつけ方や家族関係の質などによる影響が、後者の中核としては、家族外での活動や友人関係の質などによる影響を想定することができるだろう。

こうした一連の数値を得るために、行動遺伝学は、それぞれ特有の遺伝的特徴と環境的特徴を備えた様々なサンプルに着目する。すなわち、遺伝子を一〇〇パーセント共有する一卵性双生児で別々の家庭環境で育ったケース、一卵性双生児で原家族においてそのまま二人ともに育ったケース、遺伝子を平均して約五〇パーセント共有する二卵性双生児で別々にあるいは同じ環境で育ったケース、遺伝子の共有が全くない二人の養子がきょうだいとして同一の家庭で育ったケース、遺伝子を平均して約五〇パーセント共有する通常のきょうだいで別々にあるいは同じ環境で育ったケースなどである。この中で、人間行動遺伝学の比較的早い段階から注目されたのが、出生直後に別々の家庭に養子や里子に出され独立に成育した一卵性双生児のきょうだいであった。こうしたきょうだいを多数、サンプルとして集め、たとえば、IQ値にしてもあるいはパーソナリティ・テストのスコアにしても、各きょうだい間の類似性を、相関係数として割り出すことができれば、原理的に、それをそのまま遺伝率と見なすことできると考えられたのである。なぜならば、こうした一卵性のきょうだいでは、（二人を近似させる要因として）環境の共有を仮定する必要がないため、ある特性の相関係数として得られるきょうだい間の類似性は、すべて遺伝子の共有という要因によって説明され得ると少なくとも理論上ではいえるからである。

しかし、出生後早い段階に別々の家庭で成育することになる一卵性双生児のケースは、稀少なケースであり、そのデータを多数収集することには相対的に大きな困難が伴う。そこで、現在に至るまで、最も多く研究対象とされるようになってきているのが、出生家族の中でそのままともに成育する一卵性双生児および二卵性双生児であり、そして、この両者の比較を方法の中核に据えるのがまさに双生児研究法なのである。それは、一卵性および二卵性の双生児ペアをともに研究協力者として数多く募り、それぞれの集団において、様々な形質や特性に関する相関係数を割り出す中から、遺伝率、そして共有環境および非共有環境による説明率を推定してきている。

ここで仮に一卵性双生児グループにおけるある特性の相関係数をMZ-r、二卵性双生児におけるそれをDZ-rと表すことにしよう。この場合、MZ-rは、一卵性のきょうだいに近似性をもたらすであろう二つの要因の和、すなわち遺伝子が一〇〇パーセント共有されていることに由来して近似性が生じている部分（仮にこれをHとしよう）と、同じ家庭環境の中で共通の経験をしてきていることに由来して近似性が生じている部分（仮にこれをSEとしよう）の合算値と考えることができる（MZ-r＝H＋SE）。ちなみに先にみた別々に成育した一卵性双生児においては、SEを仮定する必要がないためMZ-r＝Hと表せることになる。それに対して、DZ-rは、環境の共有に由来して近似性がもたらされる部分については一卵性の場合と全く同じであるが、遺伝子に関しては、二人のきょうだい間での共有比率が平均して約五〇パーセントであるため、それに由来して近似性がもたらされる割合は一卵性双生児の場合の二分の一と見積もられる（DZ-r＝½H＋SE）。

一つの例として、IQに関して算出された、様々な集団における具体的な相関値に目を向けてみよう（表1）。ともに成育した一卵性双生児群におけるきょうだい間の相関の値が最も高く、次いで別々に成育した一卵性双生児群のそれが、ともに成育した二卵性双生児群のそれよりも高いわけであるが、そこからだけでも、ある意味、直感的に、IQに関しては遺伝子の共有によってもたらされる近似性が環境の共有によってもたらされるそれよりも相対的に大きいことが読み取れるかもしれない。さて、表1にはともに成育した一卵性双生児の相関値が〇・八五、そしてともに成育した二卵性双生児のそれが〇・五九とあるわけであるが、これを先ほどの式に当てはめると、〇・八五＝H＋SE、〇・五九＝½H＋

表1　一緒に生育した，あるいは別々に生育した，
様々な関係性にある2者間のIQの相関

関係性	生育環境	相関係数
一卵性双生児同士	一緒	0.85
一卵性双生児同士	別々	0.74
二卵性双生児同士	一緒	0.59
通常のきょうだい同士	一緒	0.46
通常のきょうだい同士	別々	0.24
両親の平均と子ども	一緒	0.50
片親と子ども	一緒	0.41
片親と子ども	別々	0.24
養父母の平均と養子	一緒	0.20
養子同士	一緒	0.26

一緒に生育した養子以外はDevlin et al.(1997)より．一緒に生育した養子についてはBouchard & McGue(2003)より．なお，作図にあたってはNisbett(2009[2010])を参考にした．

SEと表すことができる。そして、さらに、前者から後者を差し引くと、〇・八五－〇・五九＝（H－½H）＋（SE－SE）となり、結果的に〇・二六＝½Hで、Hは最終的に〇・五二と推定される。そして、Hがわかれば自ずとSEも定まるわけで、その値は〇・三三となる。先に別々に成育した一卵性双生児におけるきょうだい間の相関がそのまま遺伝率と見なされる、すなわちそこではMZ-r＝Hであると述べたが、上記のように、Hは共に成育した一卵性および二卵性の双生児のデータからも推定されるわけであり、ここでは加えて、SE、すなわち共有環境（Shared Environment）の影響も同時に割り出されることになるのである。さらに、ともに近似性をもたらすEとSEによって説明されないところが、一卵性双生児のきょうだい間に異質性をもたらしている部分、すなわち非

共有環境（Non-Shared Environment：ＮＳＥ）による影響の大きさと見なし得るわけであり、結局のところ、それは全体の一から相関係数を減じた部分、つまりは一－〇・八五＝〇・一五として算定される。一般的に、こうした一連の数値はパーセンテージで表され、上記の例の場合は、ＩＱの個人差が、私たち一人ひとりが実親から受け継いだ遺伝子の違いによって五二パーセント、主に家庭内での経験（親のしつけ方や家族関係の質など）の違いによって三三パーセント、主に家庭外での経験（学校での活動や友人関係の質など）の違いによって一五パーセント、それぞれ説明されると結論されることになる。

このように、一卵性双生児集団および二卵性双生児集団におけるきょうだい間の相関係数が割り出されれば、遺伝率や共有環境、非共有環境による説明率の推定は至極簡単になされるわけであり、いまや、具体的に量的な測定値として得られる人の特性に関しては、ほんどすべてのものに関して、こうした一連の値が得られているといっても過言ではないのかもしれない。無論、そもそも、こうした計算法やそれによって得られる数値が「生まれか育ちか」という問いに対して、真に適切な解を与え得るのかということに関しては少なからず異論もあり、それに与する側と反する側の間で激しい議論の応酬もあるようである（Rutter, 2006, 2011など）。そうした意味においても、現在の人間行動遺伝学の知見は、あくまでも上で述べたような理論的前提と計算ルールに縛られてあるのだという認識を、私たちは堅持しておくべきなのであろう。

3 「双生児による研究」がもたらしたもの

すでに、多様な形質や特性に関して数多くの研究が行われ、たとえば遺伝率についてみれば、一部、対人関係の基盤たるアタッチメント・スタイルなど、その値がきわめて低く（研究によってはほぼ〇に等しいと）見積もられるようなものある（Bokhorst et al., 2003; Fearon et al., 2006; Roisman & Fraley, 2008など）が、身長・体重などの身体的特徴では八〇パーセント以上、ＩＱや学業成績などの知的機能に関しては四〇～六〇パーセント、また様々なパーソナリティ特性についても四〇～六〇パーセントなどと、概して、その遺伝による影響の推定値は、従来の発達心理学で仮定されていたところをはるかに上回るようである。他方、環境による影響は相対的に小さく、しかもその影響の主たるところは、共有環境、すなわち、親のしつけなどよりも、非共有環境、すなわち主に家庭外での経験であるらしいことが主張されてきている（Plomin, 2002; Plomin et al., 2008など）。そして、これを受けて、たとえばハリスのように、養育者は子どもの能力や個性の形成に関してその遺伝子の伝達によって寄与しても、そのしつけや教育のあり方などを通して寄与するところはほとんどなく、環境による影響の大半は仲間集団の中での経験に由来するという、一種の極論（ハリスは自説を集団社会化理論と称している）を展開するような向きもあり（Harris, 1995, 2002, 2009）、これが社会的にも様々な物議を醸しているという現状がある。

確かに、こうした数値には良くも悪くも強力なインパクトがあり、それ自体に（その批判的な吟味も含めて）相応の関心を払って然るべきものと思われるが、筆者が思うに、行動遺伝学の真の学術的な意義は、推定された遺伝率の相対的な大きさということ以上に、遺伝と環境が人の発達過程においていかに交絡するのかについて、従来の見方を抜本的に変革しうる可能性があるということの中に潜んでいるのだと考えられる（Coll et al., 2004 など）。遺伝と環境のどちらの要因がより重要かということに関しては大きな見解の相違があるにせよ、私たち誰もが、基本的に発達が遺伝と環境のアマルガム（混成体）であるということを信じて疑わないだろう。そして、このアマルガムということに関して、従来の発達心理学は、子ども自身が「たまたま」もって生まれた遺伝的要因と「たまたま」身を置くことになった環境要因との「適合性のよさ」（goodness of fit）が、子どもの発達の善し悪しを左右するという暗黙の前提を有してきたといえる（Thomas & Chess, 1977; Chess & Thomas, 1999 など）。たとえば、気質的（遺伝的）にきわめて活動性高く生まれついた子どもがたまたま、全般的に物静かで抑制的な養育者の下に生まれてきた場合よりも、両者の活動水準にあまり齟齬がない場合の方が、子どもにストレスがかかることが少なく、より適応的な発達が期待されるという因果図式がなかば当然のように受け入れられてきたのである。つまりは、個人の側の要因と環境の側の要因とがもともと独立のものとしてあり、さらにそれらが偶発的に様々に組み合わされうるということを前提視してきたのである。実のところ、双生児から得られた行動遺伝学的な知見は、こうした憶見に対して、ある種の強力な異議申し立てをしているといえるのである。

特に、それに深く関わる研究結果に、加齢に伴う遺伝率の上昇ということが挙げられる。従来の発達

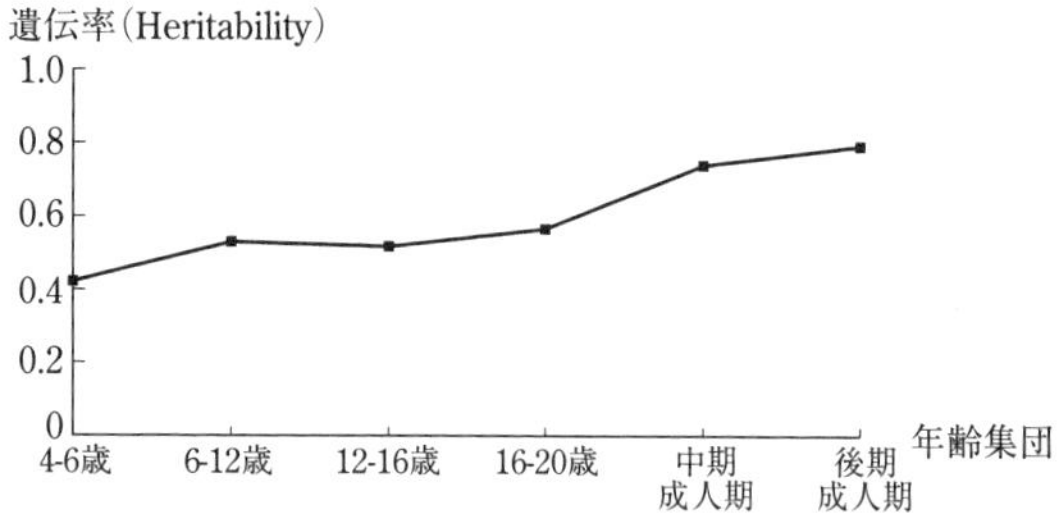

図1　生涯を通したIQに対する遺伝的影響(Plomin & Petrill, 1997)

心理学の中では、個々人に固有のライフイベント(転居、家族の死、自身の大病やけが、結婚や離婚、入学や卒業・退学など)あるいは種々の日常的な経験の蓄積によって、環境からの影響が発達過程の中で徐々に増大すると、逆にいえば遺伝からの影響は次第に減少すると仮定されてきた(Baltes, 1987; Baltes et al., 1980など)。この考えは私たちの日常的直感にも適うものであり、私たちは至極素朴に、幼少時は環境の中での学習経験がまだ圧倒的に乏しいだけに、その発達は遺伝的要因によって規定されるところが相対的に大きいはずであると、しかし、経験の蓄積は、徐々に発達における環境優位の状況を作り上げるはずであると考えがちかもしれない。しかし、少なくとも遺伝率の発達曲線からみるかぎりにおいて、事実はその真逆のようなのである(Petrill et al., 2003; Plomin, 2002など)。いまだ環境の中での生活経験が浅い乳幼児期ほど、環境の影響を強く被り(逆に遺伝的差異が心理行動的特質に結びつく確率が小さく)、一方、様々な生活経験を積めば積むほど、環境的要因の影響が弱まり、逆に遺伝的要因の影響力が増大するのである。図1には、例としてIQの遺伝率の発達的変化を示したが、この右肩上がりのパターンは、一般的に他の形質や特性にも当てはまるようである。

　それでは、この一見、逆説的な発達的変化のパターンは何を含意しているのだろうか。実のところ、それこそが、先にみた、遺伝と環境が独立のものとしてあり、その偶発的な絡み合いの中で発達が規定されるという私たちの暗黙の前提が必ずしも妥当ではないことを物語っているのである。その詳細に関しては他書（遠藤、二〇〇五）に譲るが、遺伝と環境は独立ではなく、端から、様々な機序を介して分かちがたく関連しており、しかもその結びつきは加齢とともに上昇していくということである。いってみれば、遺伝が偶発的にある環境に出会うのではなく、遺伝が必然的に特定の環境を呼び寄せるのである。筆者が思うに、行動遺伝学的知見の意義として本来、最も注目されてよいのは、人は成長し、主体的意思に従っていろいろな経験を積むことができるようになればなるほど、自身がもって生まれた遺伝的素因に適うよう、自らその生活環境を選び組み立て（発達的適所の選択）、またその中から種々の刺激要素を取り込むことを通じて、個人特有の心身の形質を発現していく傾向を備えていることを示唆したという点である（Caspi, 1998; Scarr, 1992）。たとえば、油脂成分の多い食物を好む遺伝的傾向を有していても、仮に親がそれを与えなければ、発達早期にそれが体型や体質に反映されることはあまりないわけであるが、自分で金銭を有し、自ら購買行動を行えるようになれば、それは如実に表現型となって現れやすくなるのである。

　このように、遺伝と環境による発達への影響は、単に両者の相加でも相乗でもなく、実は「遺伝は環境を通して」、すなわち遺伝はそれに合致した環境の解釈や選択や構成を通して、発達の中に徐々に現実的なかたちを有するに至るのである（Ridley, 2003）。そうした意味からすれば、遺伝とは、学習や経験のメカニズム（環境からの刺激や情報などの取り込みを制御するしくみ）そのものといっても過言ではないのかもしれない（Murcus, 2004; Ridley, 2003）。幼い子どもは、自身の養育者はもとより、その成育環境のほとんどを自らはあまり選べない。だからこそ、置かれた環境いかんによって相対的に大きくその発達を左右されることになる（学習メカニズムたる遺伝に制約がかかりやすい）。しかし、人は加齢とともに次第にそうした状況から脱し、自身で能動的に選択し行動できる幅が広がると、元来有していた遺伝という学習メカニズムをより多く用いることができるようになるのだろう。加齢とともに、各種心身の特徴に対する遺伝による影響の割合が上昇するのは、こうした事情を反映してのことと考えられるのである。

ちなみに、近年の双生児を用いた研究の中には、特に一卵性双生児きょうだい間に生じる病気等の形質の差異に着目し、さらに微視的に遺伝子活性の機序の解析にも踏み込んで、環境の差異が、一卵性双生児きょうだいの遺伝子の活性化パターンにどのような違いをもたらし、そして結果的にいかなる表現型の相違を招来するのかを明らかにしはじめている（Rutter, 2011 など）。いってみれば、これは「環境が遺伝を通して」どのように発達を左右するか、その道筋を解明しようとする研究の方向性（エピジェネティクス：後成遺伝子）であるといえるのかもしれない。

「双生児による研究」がもたらしたもの、それは、無論、様々に想定されるわけであるが、少なくとも筆者は、その最も大きな貢献を、発達が遺伝と環境の単なる足し算や掛け算ではなく、上述したように

「遺伝は環境を通して」あるいはまた「環境は遺伝を通して」発達を導くのだという認識上の転換を私たちに与えてくれたことの中に見いだしたいと考えるものである。

4 「双生児による研究」の読み方

前の節で述べたように、特に行動遺伝学における双生児研究は、概して、人の発達における遺伝的要因の影響力の大きさを強く印象づけるものと受け取られている。しかし、そこでの諸知見の読み方に関しては、きわめて慎重なスタンスが必要なのかもしれない（Richardson, 2000）。よくいわれることであるが、そもそも、行動遺伝学が提示する遺伝率をはじめとする様々な数値は、あくまでも集団レベルでの「生まれと育ち」を問題にしたものであり（集団内の個人差分散に関わる解析の結果、得られたものであり）、本来、安易に個人レベルの「生まれと育ち」に置き換えられてはならないものとしてある。それらの数値は、当然のことながら、多数の個人データを集約する中で得られたものであり、個々人の発達についてみれば、その遺伝と環境の絡み合いのパターンはきわめて多岐にわたると見なすべきであろう。

また、行動遺伝学の基本的方法には、遺伝率および非共有環境の効果を相対的に高く評価させる要素が多く含まれていることも指摘されている（Maccoby, 2002; Rutter, 2002; Stoolmiller, 1989など）。特に、一卵性双生児群と二卵性双生児群などにおける、遺伝的共有の差異および各種表現型にみられる相関値の違いに絶対的な重きを置く、従来の分析法においては、環境の効果が遺伝率の残差としてしか推定されないため（環境上の差異が直接測定されたうえでの効果の算定ではないため）、その実質的な影響がいかなるものであるのかがほとんど何もわからず、また遺伝と環境の間に様々な相互規定的作用が仮定されながらも、それが数値上に適切に反映されないため、結果的に環境、特に共有環境の効果が非現実的に低く見積もられている可能性が否めないのだという（Collins et al., 2000）。たとえば、同じ養育者が、ほぼ等質の養育をきょうだいに対して施しても、きょうだい一人ひとりの（遺伝的要因の関与が強く想定される）気質的傾向などが異なった場合にはそれぞれに違った作用を及ぼし、結果的にきょうだいそれぞれの発達を大きく分岐させるような可能性が示されている（Kochanska, 1995;1997）が、行動遺伝学の計算では、これが原理的に共有環境の効果として評価されることはない。たとえきょうだいにとってともに同じ養育的働きかけであっても、そして、仮にそれがそれぞれの子どもに確実に作用していることが明白であっても、きょうだい間に類似性をもたらすものでないかぎり、その影響は共有環境の効果としては算定されず、不適切にも、すべて遺伝の効果、場合によっては非共有環境の効果として示されることになるのである（Maccoby, 2002）。

さらに、私たちは遺伝率をはじめとする一連の数値がその算出法やサンプルによってきわめて大きく揺らぐものであることを知っておくべきであろう。算出法に関していえば、確かに一卵性・二卵性双生児のデータは最も多く研究において用いられているわけであるが、遺伝率等の数値は通常の親子、きょうだい、養子など、様々な対象から得られるデータを組み合わせることによっても算出可能である。遺伝率だけに着目するならば、同じ形質を扱った場合でも、一般的に、別々に成育した一卵性双生児の相関から得られる値が最も高く、一方、同居している通常のきょうだい間の相関と（全く血縁関係のない）養子きょうだい間の相関の比較から計算される値が最も低く算定されるようである。現に先にみた例（表1）でも、別々に成育した一卵性双生児の相関は本来そのまま遺伝率と読み替えられるわけであるが、その値は〇・七四と、一卵性と二卵性の比較計算によって得られる〇・五二とは大きく隔たっていることがわかる。

サンプルに関していえば、一般的に行動遺伝学的研究は相対的に中流以上の家庭の子どもを対象に多く行われているが、少数ながら、経済的な貧困層も含めたハイリスクな環境下で成育した子どもを扱った研究では、様々な心理行動的特性において、その遺伝率がきわめて低くなることが知られている（Turkheimer et al., 2003 など）。このことは、虐待やネグレクトをはじめ、不遇な養育環境で成育した子どもの発達が、心身全般にわたって、長期的に、発達の遅滞や歪曲を抱えることになるという多くの知見（McCoy & Keen, 2009; Music, 2011 など）からすれば、ある意味、自明のことなのではあるが、子どもが、その遺伝的基盤に従って、自発的に自らの発達に必要な要素を環境側に取りにいったとしても、そこにそれがほとんど準備されていないような劣悪な状況においては、遺伝子型はそれに見合うだけの表現型を得ることは決してなく、子どもの発達は環境の前にただ翻弄されてしまうことになるのである。これは行動遺伝学的立場に与するスカー（Scarr, 1992）なども早くから指摘していることであるが、遺伝が環境の選択や構成を通して発達に影響を及ぼすという道筋は、基本的に（いわば取りにいけばそこに大概のものが得られるような）平均的に期待される、いわゆる「ほぼよい」（good-enough）環境の中にあってこそ生じるものなのである。これに加えていえば、行動遺伝学の大半の研究が依拠している中流以上の家庭サンプルでは、子どもに対して一定水準以上のしつけや教育を施している可能性が高く、いってみれば、そのために環境の分散が非常に小さくなっており、このことが、子どもの個人差に対する環境による説明率を低くし、逆に遺伝率を高く見積もらせることにつながっているという指摘もあるようである（Stoolmiller, 1999 など）。いずれにしても、環境の劣悪さが子どもの発達に甚大な負の影響を長期にわたって及ぼすことは確かであり、「生まれと育ち」問題を正当に考えるうえで、このことへの注視を怠ってはならないだろう。

ちなみに、遺伝率などの数値を直接的に問題にするものではないが、養子データを対象とする発達研究は、「双生児による研究」知見を正当に認識・評価するうえで重要な含意を有していると考えられる（Nisbett, 2009など）。元来、（遺伝的につながりのない）養子と養親それぞれの、各種心理行動的特徴の相関が相対的に低い値にとどまる一方で、その同じ子どもたちと（血縁の）実親との間の相関がかなり高い値となることが一般的に知られている。これは、一見するところ、ただ発達の遺伝的規定性の強さを物語るかのように考えられるわけであるが、その解釈にあたっては、もう一つの事実にもしっかりと目を向ける必要がある。それは、こうした研究における子ども集団の各種特性の平均値が概して、養親集団のそれとほぼ同等であり、実親集団のそれをはるかに上回るということである（Lewontin, 1991）。一つ確認しておくべきこととして、ある二つの変数間の相関は、二変数の値そのものの一致傾向が低くとも、二変数それぞれの分散の中での順位に一致傾向があれば高くなるものである。IQを例にしていえば、子どもと実親の相関が高いというのは、子どもグループの中での個々の子どものIQ値の順位と、実親グループの中での個々の実親のIQ値の順位が相対的に一致しやすい（実親集団の中でIQの高い親からは子ども集団の中で相対的にIQの高い子どもが生まれやすい）ことを示唆してはいるが、IQの実値が実子と実親で同等になりやすいということを意味するわけではない。養子に出された子どものIQ値は、その実親のIQ値よりも大概はかなり高くなることが現に知られており、それまでの複数の養子研究をメタ分析した論文によれば、特に社会経済的地位（SES）の低い家庭で生まれた子どもが、SESの高い家庭に養子に出された場合には、IQの値で約二〇ポイント近い上昇に相当する正の効果が認められるという（van IJzendoorn et al., 2005）（逆にSESの高い家庭で生まれた子どもがSESの低い養家で育つような場合には約一〇ポイント強の低下に相当する負の効果が認められるという報告もある。Capron & Duyme, 1989）。

無論、それでも子どもとその実親との各種相関が養親との相関を上回るという事実は消えないわけであり、発達が遺伝の制約を受けることはいうまでもない。しかし、それが意味するところは、親から子へと遺伝するのがある特性や能力そのものではなく、むしろ、それらが、下限値から上限値まで、どれくらいの範囲の発達を遂げうるかという、いわば潜在的な可能性の「幅」のようなものであるということである。しかし、個々人に遺伝的に固有のものとしてある、それぞれの「幅」の中で、現実にどの値を取るかということに関しては、むしろ、環境がそれを強く規定するのだろう（環境いかんで、一定の

「幅」の中で相対的に低い位置取りになることもあれば、高い位置取りになることもあるのである）。

5 「双生児による研究」と「双生児の研究」

「双生児による研究」の知見を読み解くうえで、もう一つ絶対的に忘れてならない点は、それが、実のところ「双生児の研究」という視座を欠いている場合が相対的に少なくないということである。無論「双生児による研究」は端から、双生児を用いて「人一般」における「生まれと育ち」問題の解明を企図するものであり、双生児そのものに関心を寄せて、その特異性を審らかにすることを主目的とするものではない。それを目的にするのがまさに「双生児の研究」ということになり、それはそれで独立に追究されて然るべきという見方も当然、成り立とう。そして、現にこれまでの「双生児による研究」は、あまり「双生児の研究」を意識することなく行われてきたのだといえる。

実のところ、「双生児による研究」と「双生児の研究」の関係性は、特に前者の立場からすると非常に微妙なのかもしれない。「双生児による研究」は、基本的に、特殊な遺伝的な事情（二卵性の場合は通常のきょうだいと同様に平均して約五〇パーセントの遺伝子共有であるに対し、一卵性の場合は一〇〇パーセント共有）以外のところでは、通常のきょうだいの場合と何ら（特に環境の中での経験という側面において）差異はないという前提で進められてきたといえる。しかし、もし、「双生児の研究」が進み、一卵性にしても二卵性にしても、普通のきょうだいにはない、遺伝的要因以外のところでの、つまりは経験する環境的要素における様々な特異性が明らかになってくると、「双生児による研究」のこれまでの諸知見および人一般の発達原理を明らかにするという目的そのものが危うくなってしまう可能性があるからである。すなわち、双生児という特殊なサンプルで得られた知見を、人一般に普遍的に当てはまることとして扱っていいのかという疑問が浮上してくるということである。だが、本来、双生児に遺伝要因以外のところでの何らかの特異性が現にあるのだとすれば、それを考慮してこそはじめて「双生児による研究」の知見もまた、その限界も含め、正当に解釈・評価されうるはずであり、そして、その先にこそ、真の発達における遺伝と環境の機序が見えてくるといえるのではないだろうか。

6　双胎であることの特異性

それでは、双生児には、通常のきょうだいにはないどのような環境上の特異性が想定されるのだろうか。一つには、双胎であることの特異性、すなわち双生児がその胎児期を過ごす母親の母胎環境の特殊性ということが考えられよう。一般的に、発達に及ぼす環境の役割というと、出生後の成育環境およびそこにおける経験や学習ばかりが強調されがちであるが、近年、栄養やホルモン、そして種々のテラトゲン（一部の薬、アルコール、タバコなどの催奇性物質）をはじめ、胎内環境の質が人の心身全般の生涯発達に対して様々な長期的・持続的影響を及ぼしうることが解明されはじめ、にわかに注目されるようになってきている（Gluckman & Hanson, 2005; Moalem, 2007; Phillips, 2007 など）。こうしたこととの関連でいえば、そもそも、双胎による母体への負荷は、単胎の場合に比して、相当に大きいことが想定され、現に、ふたごを身ごもった母親は、貧血、羊水過多、高血圧などの状態を呈しやすく、そして、それらが、子宮内胎児発育不全、低体重出生、早産、その他の出産リスクなどに通じる確率が相対的に高いことが知られている。

また、双生児における子宮環境は、単に発生上のリスクということのみならず、二人の子どもがそれを共有するということにおいても特異であるといえる。実のところ、卵性に加えて膜性（絨毛膜や羊膜性）においても複数のバリエーションがあり、双生児の子宮環境の特質をひと括りにして考えることはできないのであるが、それでも、同じ母親とはいえ、全く独立の子宮環境で成育する通常のきょうだいの場合に比して、双生児のきょうだいが等質の胎内事情を経験する確率は際立って高いことが想定される。まさに、それは本来、紛れもなく共有環境と呼び得るものであり、そのことが一緒に生まれてくる双生児を互いに近似させるという可能性も相当に高いものといえよう。双生児きょうだいの類似性は、単に遺伝子の共有事情と、出生後の成育環境の共有によるものだけではないのである（別の角度からみれば、それぞれ単胎で生まれてくる一般的なきょうだいでは、各子どもの胎内環境は母親におけるその時々の妊娠時の状態によってかなり違うものであることが多いため、そのことが、きょうだい一人ひとりの異質性の形成に一役買っている可能性は否めない）。無論、母胎の共有があるからこそ双生児であり、行動遺伝学の研究者にとっても、それは自明のことであったわけであるが、それを、環境による影響の中に組み入れて考える視座は希薄であったといえる。ある研究者は、このために、行動遺伝学的研究では実態以上に遺伝による影響が過大に見積もられてきたのではないかと指摘し、たとえばＩＱの個人差に対する遺伝的要因の影響に関しては、少なくとも二〇パーセントくらいは、その数値を下方修正して然るべきだと主張している（Devlin et al., 1997）。

もっとも、双胎という子宮環境が子どもの発生や発達に及ぼす影響は上述したようなものとどまらず、かなり複雑であるようである。たとえば、後にもふれるように現在ではむしろそれを否定する向きの方が強いようであるが、異性の二卵性双生児においては、男児の身体的性分化に関わるホルモンが、もう一方の女児に対しても作用し、そのことが女児の心身発達に特異な影響を及ぼす可能性が指摘されてきた。また、一卵性双生児における絨毛膜の共有は、栄養素獲得における競合（nutrients competition）を引き起こすことがあり、結果的に生じる胎児不均衡発育は、かなり長期的に、場合によっては生涯にわたって、一卵性双生児きょうだいに様々な違いをもたらす可能性も否めない。これを受けて、研究者の中には、双生児における胎内環境は、二卵性双生児よりも一卵性双生児のきょうだいに差異をもたらしやすいとし、それが一部、遺伝率推定に下方的に影響しているところもあるのではないかと指摘する向きもある（Rutter, 2002 など）。いずれにしても、双生児における胎内環境の特異性は、下方にせよ上方にせよ、遺伝率や環境による説明率に、複数の機序を介して、かなり複雑な影響を及ぼしている可能性が強く想定され（Moffit & Caspi, 2007）、そのことへの注目は今後、ますます重要性を帯びてくるものと考えられる。

7 双生であることの特異性

双生児が経験する環境の特殊事情は、無論、胎児期に限定されたものではなく、出生後もほぼ生涯にわたって続くものと考えられる。それは、まさに双生であること、すなわち（多くの場合）一つの家庭環境下において二人の子どもが生まれ、その発達が同時進行するということの中にあるといえよう。まず、一つ考えておくべきことは、発達水準をほぼ同じくする二人以上の子どもを養育するという、その育児負担、そしてそれにも絡む経済負担等の重さが、養育者の心身にときにネガティヴに作用する危険性が想定されるということである。そして、一般論として、育児負荷の大きさは、特に養育者を取り巻く社会的サポートが乏しい場合などには、育児の質に深刻な負の影響を及ぼすことも考えられ（Music, 2011）、かなり例外的なケースであるにせよ、双生児が被りうるこのような養育上のリスクには、一定の注意を払っておいて然るべきであろう。

もっとも、双生児の特異性ということに関していえば、こうした養育者の育児負担の重さによる負の影響よりも、双生児同士の関わりや、双生児一人ひとりの個性化に関わる養育者の独特の働きかけの影響の方をむしろ重くみるべきかもしれない。同時に生まれ、自分の存在に非常に近しい（一卵性の場合はことに似通った）他者が、ほぼ常に自分の傍らにいるという環境の特殊性は、当然のことながら、他のきょうだい構成にはありえないものであり、そのことに対する考慮を怠ってはならないだろう。特に発達水準のほぼ等しい双生児のきょうだい同士が、言語・非言語両側面において、質量ともに緊密な相互作用やコミュニケーションを日常的に行うということが、言語や認知の発達はもとより、感情の発達およびジェンダーやパーソナリティ形成などにどのような影響をもちうるかということへの興味は尽きないものとしてある（Rutter & Redshaw, 1991 など）。先にマネーによる一卵性双生児を用いた「性の再割り当て実験」についてふれ、その実験結果そのものは深刻な倫理性の問題も含め、今ではほとんど否定されていると述べたわけであるが、それをもって、ジェンダーの発達に対する環境要因への注視が薄らいだというわけでは必ずしもない。マネーが扱った事例そのものについても、近年、女児としての性の再割り当てをされた生物学的男児が、少なくとも性転換手術前の約二年弱は、そのまま男児として育てられていたという事実に関心が寄せられてきているようである（Eliott, 2009）。すなわち、養育者などによる男児としての性的社会化、そしてまた、まさに姿形の類似性も含め、自分を映す鏡のような役割をする双生児のきょうだいとの相互作用による影響を見直すべきであるという声が上がってきているのである。現に、同性双生児においては、そうでない場合よりも、相互の日常的なやりとりによって、より性に典型的な行動（女児であればより女の子らしい、男児であればより男の子らしいふるまい）が身につきやすくなることを明らかにしているような研究もある（Iervolino et al., 2005）。

双生児が成育環境を共有し、ともに育つということの特殊な意味は、養育者などの双生児に対する関わり方の中にも見いだすことができる。従来、行動遺伝学では、成育環境を共有し、同じ親からしつけを受けて育つことが、双生児きょうだいに類似性をもたらすものと仮定されてきたわけであるが、実際には、必ずしもそうとばかりはいえない側面、すなわち、むしろ異質性をもたらす部分もあるのではないだろうか。第三者からみるととても似ていて、いわれなければ区別がつかないような違いに対しても、日常的に密に関わる母親や父親という存在はそれに気がつき、その微少な差異を低減させるよりは、むしろ増幅するようにふるまい、さらには双生児自身および相互の認識に差別化をもたらすような養育実践を通じて、一人ひとりの子どもの個性化へとつなげていくようなこともあるのかもしれない。たとえば、何か心理尺度のようなもので測るとその気質的な活発さにはほとんど違いが認められないような双生児のきょうだいに対しても、親は、ほんの少しの行動の違いを捉えて、「Aは活発だけどもBはおとなしい」というように言語化し、そしてそれを自身の認識の中で固めていくと同時に、子どもに対してもそうした性格づけをフィードバックし、子どもの性格やその自覚の発達に対して少なからず影響を及ぼすものと考えられるのである。それこそ、日本ではかつて、三木安正と天羽幸子によって、出生順位による双生児きょうだいのパーソナリティの差異が検討され、一卵性の場合でも、長子的性格と次子的性格に分けられることが明らかにされている三木・天羽、一九五四a、bが、これなどは、現実的に、共有された環境の中に、一人ひとりの違いを際立たせる個性化のプロセスが存在することを窺わせるものといえよう。

さらに、これに関わる研究の一つに、ヘンダーソンらによって行われた異性双生児を対象とした研究を挙げることができるかもしれない（Henderson & Berenbaum, 1997）。先にみた胎内環境の影響にも関わることであるが、一般的に他生物種を対象とした異性多胎児の研究では、胎内環境で、遺伝的にオスの

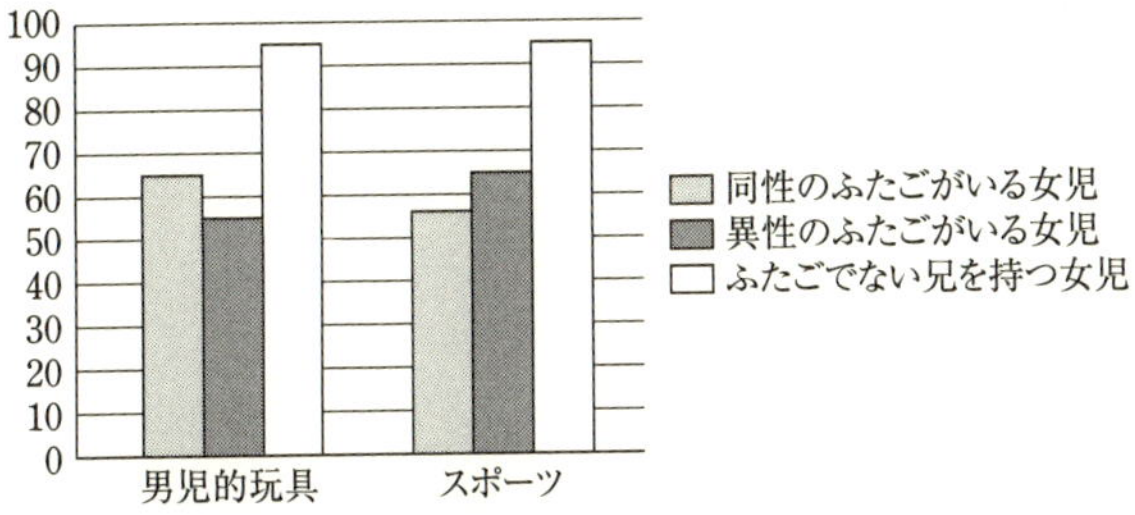

図２　女児の男児的関心の高さに関わるきょうだいの影響

（Henderson & Berenbaum, 1997を改変）

異性双生児ペアの女児→胎内環境でのテストステロンへの曝露などによって「男児化」傾向が強まるという仮説に対する反証.
異性のふたご→それぞれの性に応じた差異化が生じている可能性.

子どもを身体的・脳神経学的にオス化するために胎児を相対的に多量のテストステロンに曝露させる必要が生じ、このテストステロンが同じく胎内環境にあるメスにも及ぶため、そのメスまでをも多少ともオス化する傾向があることが広く知られている。しかし、ヒトを対象にした研究では確かに一部に、異性双生児ペアの女児に心身の男児化の傾向を認めたものもあるが、それはあってもきわめて微弱であるか、ほとんど存在しないと結論している研究の方がむしろ相対的に多いようである（Rose et al., 2002 など）。ヘンダーソンらの研究でも、他生物種の結果から予測されるような傾向は認められず、その結果は、異性双生児ペアの女児のふるまいが両方女児の双生児のそれと比較しても統計的に変わるところがなく、典型的に女児的であることを示すものであった。そしてまた、女児の（男児的玩具・スポーツへの好みとして測定される）「男児化」傾向は、むしろ通常の異性きょうだいにおける妹に顕著に認められることを明らかにしているのである（図２）。こうした結果は、異性双生児ペアの子どももそれぞれに対して、その性差を増幅するような養育実践が施された可能性、およびきょうだい間でそれぞれの性自認を弁別的に強めるような相互作用がなされた可能性、を示唆しており、その影響力は、生理学的に予測される機序の介在をほとんど目立たなくさせるほどに強かったことを物語っていると考えられる。逆に、通常異性きょうだいにおける妹の男児的特徴の獲得は、観察学習のモデルあるいは直接的な相互作用の相手としての兄の存在の大きさを示しており、いずれにしてもジェンダーの発達に対する社会的要因の介在を排除して考えることはできそうにない。

以上のように、双胎（ともに胎内環境にある）ということにしても、双生（ともに生まれともに育つ）ということにしても、双生児きょうだいには、通常のきょうだいでは経験されえないいくつかの特異な事情が想定される。繰り返しになるが、従来の行動遺伝学では、双生児がその生命を萌芽させる胎内環境への注視が相対的に乏しかったことは否めない。また、出生後の成育環境に関しても、行動遺伝学では、基本的に同じ環境でともに育つことが双生児きょうだいに類似性をもたらすと仮定されてきたわけであるが、現実には、そればかりではなく、むしろ同じ環境に身を置くからこそ異質性が生じるという側面もあるのかもしれない。さらに可能性からすれば、行動遺伝学の基本的前提では、双生児のきょうだいが家庭外などでそれぞれ独立した環境に身を置くことが、二人に異質性をもたらすと仮定されてきたわけあるが、先にもふれたように、遺伝は環境を通して発達に影響をもたらすという機序が現実のものとしてあるならば、ことに同じ遺伝子構成にある一卵性双生児では、その遺伝子の等質性に起因して、独立した環境の中でも、相対的に類同的な適所の選択や構築が行われやすいわけであり、そのことが結果的に表現型の類似性に寄与しているところもあるのかもしれない。つまりは、それぞれ独立した環境では、養育者などによる個性化の試みや、双生児自らの互いを意識した差異化のプロセスなどが働かないがゆえに、かえって、違う環境の中にあるからこそ類似性が生じるという機序も想定してみる必要があるということである。いずれにしても、「双生児の研究」を通じて解明されうる、双生児であるからこその特殊事情は多々存在するわけであり、それを十分に踏まえながら「双生児による研究」の知見を再吟味・再解釈することが今後の一つの課題といえるだろう。

8　エピローグ——双生児研究のゆくえと東大附属の担うべき役割

実のところ、筆者は親子関係や家族関係が子どもの社会情緒的発達にいかなる影響を及ぼすかということに主たる関心を有しており、その意味で、発達における「生まれと育ち」問題に必然的に向き合わざるをえない立場にはある。ただし、双生児については全くの門外漢であり、現にこれまで一度も双生児を対象とした研究を手がけたことはない。それゆえに、本章で筆者が展開してきた記述の中には、多々、不適切なところや不十分なところがあったかもしれない。それについては、ただただお許しいただかなくてはならないのであるが、発達心理学の一学徒として双生児研究を概観してきて、至極素朴に、そこには大きな可能性や魅力を感じるとともに、一種の違和感を禁じえなかったことも事実である。そして、その違和感とは、率直にいえば、双生児研究でありながら、双生児そのものの影が非常に薄く感じられたということである。無論、それは主には「双生児による研究」に比して「双生児の研究」が圧倒的に少ないということに起因するものではあるが、それにも関連して、結局のところ、研究上の関心が、ＩＱ値やパーソナリティ・スコアといった、いわゆる変数にのみ注がれており、双生児という存在の全体性あるいはその生き様や当事者としての意識のようなものにはほとんど踏み込まないものだからである。

現在、筆者が専門とする発達心理学は、かつての人生の前半（乳幼児期からせいぜい青年期に至るまで）を主たる研究対象とするものから、周産期から老年期までの人生全体をターゲットとする生涯発達心理学へと変貌を遂げてきている。そうした流れの中で、従来の変数志向的（variable-oriented）アプローチに偏った研究のあり方が見なおされ、トータル・パーソンとしての一人ひとりの個に焦点化する個人志向的（person-oriented）アプローチ、さらには個人が自らの発達をどう捉え感じ、またはいかに作っていこうとするのか、その主観性や主体性を扱う主体志向的（agent-oriented）アプローチの必要性が近年、とみに声高に叫ばれるようになってきている（van Lieshout, 2002）。そうした視座からすれば、双生児研究においても後二者の重要性はいうまでもなく、ＩＱやパーソナリティなどの個々の変数からみる双生児間の類似性や異質性は、それぞれの個人の発達全体の中に正当に位置づけられて然るべきであるし、また、当人の主観的意識に照らして、それらがどのような意味を有するのかが慎重に検討されるべきであろう。客観的指標をもって見えてくる双生児間の類同性が、当事者には、非常に違うものとして認識されていたり、逆に指標上の異質性が、当事者には特に違いなく感じられていたりするような場合も考えられるのである。いうまでもないが、個人の主観的意識は、たとえば進路やライフコースの選択などにおいて決定的に重要な意味をもち、それこそ生涯をいかに生きるかという生き様に深く関わるものであるため、少なくとも人の生涯発達という観点からすれば、それへの注視は本来、欠かせないものとしてあるはずである。

さて、東大附属がこれまで六〇余年にわたって積み上げてきた数々の双生児データの価値はいかなる意味でも揺るがないものとして在る。それを用いての研究はすでに様々になされてきたし、今後も、さらに蓄積されていくであろうデータに基づきながら、新たな目的や方法論での研究が行われていくことが大いに期待される。もっとも、一歩引いてみれば国内外ですでに、数千、数万人規模の双生児研究が複数、行われている現況において、東大附属の双生児サンプルのサイズの小ささ、また一卵性に比して二卵性双生児が少ないという人数構成上の偏りなどは、そのデータが「双生児による研究」、しかも変数志向的アプローチでは、相対的に強みを発揮しえないことを含意している。しかしながら、その一方で、学校教育という制度下において、全生活時間の約半分にもわたって双生児の行動実態に密着し、単にテストや心理尺度などにおいてデータ収集するのみならず、直に観察を行い、ときに本人やそれを取り巻く家族や教師・友人にもインタビューなどをすることができるという環境、また卒業後も含め、長期的に個人を追跡できるという状況は、世界にもあまり類例がなく、それこそ、個人志向的アプローチや主体志向的アプローチを核とする「双生児の研究」において、その真価を十全に示す高い潜在的可能性を秘めているといえる。また、従来の双生児研究では多くの場合、先の計算式からもわかるように、環境による影響はいわば遺伝的要因によって説明されない残差の扱いでしかなかったわけであるが、東大附属では双生児を取り巻く環境を多角的かつ緻密に直接観測できるところに大きなメリットがあると考えられる。さらに、無論、倫理性への配慮を慎重に行いながらということにはなるが、種々の教育的介入というかたちで、部分的に環境を操作し、その効果を遺伝要因との絡みで、検証していくというような研究デザインも十分に可能であろう。

実のところ、東大附属では、かつて、今から半世紀ほど前にもなるが、合宿生活における双生児の個々の行動や相互作用を緻密に観察し、それこそ、トータル・パーソンとしての双生児の特徴やその主観的意識などを丹念に描き出すような試みもなされていたと聞く（詳細は天羽、二〇〇一／詫摩、二〇〇一）。そうした意味では双生児そのものに関心を寄せる「双生児の研究」もかなり精力的に行われていたといえるのだろう。しかし、時代の流れとともに、それはやや下火になってきていることは否めないように思われる。無論、新たな「双生児による研究」のかたちも模索しながらということにはなるが、今こそ、東大附属だからこそなしうる、この学校でなければなしえない「双生児の研究」の価値を再認識し、そこに、半世紀前には適用できなかった種々の方法や方法論を持ち込みながら、現代的に研究を再開し展開していくことが急務なのだろう。そして、それによって、東大附属がさらに、世界の双生児研究のマップの中に独自のポジションを得ることになるのだと考えられる。双生児という存在そのものへ関心を回帰させること、それが、東大附属における双生児研究の今後向かうべき一つのゆくえなのかもしれない。

（えんどう・としひこ、東京大学大学院教育学研究科准教授）

参考文献

天羽幸子（二〇〇一）「第Ⅱ部　双生児の相互関係を中心にした性格形成」、詫摩武俊・天羽幸子・安藤寿康『ふたごの研究——これまでとこれから』ブレーン出版、一二五—二八一頁。

安藤寿康（二〇〇〇）『心はどのように遺伝するか』講談社（ブルーバックス）。

安藤寿康（二〇〇一）「第Ⅲ部　遺伝・環境問題への新しいアプローチ——行動遺伝学の中の双生児法」、詫摩武俊・天羽幸子・安藤寿康『ふたごの研究——これまでとこれから』ブレーン出版、二八三—三八八頁。

安藤寿康（二〇一一）『遺伝マインド——遺伝子が織り成す行動と文化』有斐閣。

井上英二（一九八七）「日本におけるふたご研究の歴史」『遺伝』四一巻、四七—五二頁。

遠藤利彦（二〇〇五）「発達心理学の新しいかたちを探る」、遠藤利彦（編）『発達心理学の新しいかたち』誠信書房、三—五二頁。

小保内虎夫（一九二九）「双生児による心的遺伝の研究」『心理学研究』一巻、五七七—五八七頁。

小出剛・山元大輔（二〇一二）『行動遺伝学入門——動物とヒトのこころの科学』裳華房。

三木安正・天羽幸子（一九五四a）「兄的性格と弟的性格」『教育心理学研究』二巻、一—一〇頁。

三木安正・天羽幸子（一九五四b）「双生児にみられる兄弟的性格差異と家庭での取り扱い方」『教育心理学研究』二巻、一三—二一頁。

詫摩武俊（二〇〇一）「第Ⅰ部　初期の双生児研究」、詫摩武俊・天羽幸子・安藤寿康『ふたごの研究——これまでとこれから』ブレーン出版、一—一二四頁。

Baltes, P. B. (1987). Theoretical positions of life-span developmental psychology. *Developmental Psychology,*

23, 611-626.

Baltes, P. B., Reese, H. W., & Lipsitt, L. P. (1980). Life-span development psychology. *Annual Review of Psychology, 31*, 65–110.

Bokhorst, C. L., Bakermans-Kranenburg, M. J., Fearon, R. M. P., van IJzendoorn, M. H., Fonagy, P., & Schuengel, C. (2003). The importance of shared environment in mother-infant attachment security: A behavioral genetic study. *Child Development, 74*, 1769–1782.

Bouchard, T. J., & McGue, M. (2003). Genetic and environmental influences on human psychological differences. *Journal of Neurobiology, 54,* 4–45.

Capron, C., & Duyme, M. (1989). Assessment of effects of socio-economic status on IQ in a full cross-fostering study. *Nature, 340*, 552–554.

Caspi, A. (1998). Personality development across the life course. In W. Damon (Series Ed.), & N. Eisenberg (Vol. Ed.), Handbook of child psychology: Vol. 3, Social, emotional, and personality development (5th ed., pp. 311–388). New York: John Wiley.

Chess, S., & Thomas, A. (1999). *Goodness of fit: Clinical applications from infancy through adult life*. Philadelphia: Brunner/Mazel.

Colapinto, J. (2000). *As nature made him: The boy who was raised as a girl*. New York: Harper Collins.

Coll, C. G., Bearer, E. L., & Lerner, R. M. (Eds.). (2004). *Nature and nurture: The complex interplay genetic and environmental influences on human behavior and development*. London: Lawrence Erlbaum Associates.

Collins, W. A., Maccoby, E. E., Steinberg, L., Hetherington, E. M., & Bornstein, M. H. (2000). Contemporary research on parenting: The case for nature and nurture. *American Psychologist, 55*, 218–232.

Devlin, B., Daniels, M., & Roeder, K. (1997). The heritability of IQ. *Nature, 388*, 468–471.

Diamond, M., & Sigmundson, H. K. (1997). Sex reassignment at birth: Long-term review and clinical implications.

Archives of Pediatric and Adolescent Medicine, 151, 298–304.

Eliot, L. (2009). *Pink brain, blue brain: How small differences grow into troublesome gaps- and what we can do about it*. New York: Houghton Mifflin.

Fearon, R. M. P., van IJzendoorn, M. H., Fonagy, P., Bakermans-Kranenburg, M. J., Schuengel, C., & Bokhorst, C. L. (2006). In search of shared and nonshared environmental factors in security of attachment: A behavior-genetic study of the association between sensitivity and attachment security. *Developmental Psychology, 42*, 1026–1040.

Galton F. (1875). The history of twins, as a criterion of the relative powers of nature and nurture. Journal of the *Anthropological Institute, 5*, 329–348.

Gesell, A., & Thompson, H. (1929). Learning and growth in identical twin infants. *Genetic Psychological Monographs, 6*, 1–124.

Gluckman, P., & Hanson, M. (2005). *The fetal matrix: Evolution, development and disease*. Cambridge: Cambridge University Press.

Harris, J. R. (1995). Where is the child's environment? A group socialization theory of development. *Psychological Review, 102*, 458–489.

Harris, J. R. (2002). Beyond the nurture assumption: Testing hypotheses about the child's environment. In Borkowski, J. G., Ramey. S. L., & Bristol-Power, M. (Eds.), *Parenting and the child's world: Influences on academic, intellectual, and social-emotional development* (pp. 3–20). Mahwah, New Jersey: Lawrence Erlbaum Associates, Publishers.

Harris, J. R. (2009). *The nurture assumption: Why children turn out the way they do, revised and updated*. New York: Free Press.

Henderson, B. A., & Berenbaum, S. A. (1997). Sex-typed play in opposite-sex twins. *Developmental Psychobiology,*

31, 115–113.
Herrnstein, R. J., & Murray, C. (1994). *The bell curve: Intelligence and class structure in American life*. New York: Free Press.
Iervolino, A. C., M. Hines, S. E., Golombok, et al. (2005). Genetic and environmental influences on sex-typed behavior during the preschool years. *Child Development, 76*, 826–840.
Jensen, A. (1969). How much can we boost IQ and scholastic achievement? *Harvard Educational Review, 39*, 1–123.
Kochanska, G. (1995). Children's temperament, mothers' discipline, and the security of attachment: Multiple pathways to emerging internalization. *Child Development, 66*, 597–615.
Kochanska, G. (1997). Multiple pathways to conscience for children with different temperaments: From toddler hood to age 5. *Developmental Psychology, 33*, 228–240.
Lewontin, R. C. (1991). *Biology as ideology: The doctrine of DNA*. New York: Harper Collins.
Maccoby, E. E. (2002). Parenting effects: Issuer and controversies. In Borkowski, J. G., Ramey. S. L., & Bristol-Power, M. (Eds.), *Parenting and the child's world: Influences on academic, intellectual, and social-emotional development* (pp. 35–46). Mahwah, New Jersey: Lawrence Erlbaum Associates Publishers.
McCoy, M. L., & Keen, S. M. (2009). *Child abuse and neglect*. New York: Psychology Press.
Moalem, S. (2007). *Survival of the sickest: A medical maverick discovers why we need disease*. New York: William Morrow. S. 矢野真千子（訳）（二〇〇七）『迷惑な進化――病気の遺伝子はどこから来たのか』日本放送出版協会。
Moffitt, T. E., & Caspi, A. (2007). Evidence from behavioral genetics for environmental contributions to antisocial conduct. In J. Grusec, & P. Hastings (Eds.), *Handbook of socialization* (pp. 96–123). New York: Guilford Press.
Money J. (1975). Ablatio penis: Normal male infant sex-reassigned as a girl. *Archives of Sexual Behavior*, *4*, 65–71.

Money, J., & Tucker, P. (1975). *Sexual signatures on being a man or a woman*. New York: Little, Brown & Co.

Murcus, G. (2004). *The birth of the mind: How a tiny number of genes creates the complexities of human thought*. New York: Basic Books.

Music, G. (2011). *Nurturing natures: Attachment and children's emotional, sociocultural and brain development*. New York: Psychology Press.

Nisbett, R. (2009). *Intelligence and how to get it: Why schools and cultures count*. New York: W. W. Norton & Company. 水谷淳（訳）（二〇一〇）『頭のでき——決めるのは遺伝か、環境か』ダイヤモンド社。

Petrill, S. A., Plomin, R., Defries, J. C., & Hewitt, J. K. (2003). *Nature, nurture, and the* transition to *early adolescence*. Oxford: Oxford University Press.

Phillips, D. I. W. (2007). Programming of the stress response: A fundamental mechanism underlying the long-term effects of the fetal environment? *Journal of Internal Medicine*, *261*, 453.

Plomin, R. (1989). *Nature and nurture: An introduction to human behavioral genetics*. New York: Wadsworth. 安藤寿康・大木秀一（訳）（一九九四）『遺伝と環境——行動遺伝学入門』培風館。

Plomin, R. (2002). Behavioural genetics in the 21th century. In Hartup, W. W., & Silbereisen, K. R. (Eds.), *Growing points in developmental science* (pp. 47–64). Hove and New York: Psychology Press.

Plomin, R., & Petrill, S. A. (1997). Genetics and intelligence: What's new? *Intelligence*, *24*, 53-77.

Plomin, R., Defries, J. C., McClean, G. E., & McGuffin, P. (2008). *Behavioral genetics*. New York: Worth Publishers.

Richardson, K. (2000). *Developmental psychology: How nature and nurture interact*. London: Macmillan Press.

Ridley, M. (2003). *Nature via nurture: Genes, experience, and what makes us human*. New York: Harper Collins Publishers.

Roisman, G. I. & Fraley, C. (2008). A behavior–genetic study of parenting quality, infant attachment security, and their covariation in a nationally representative sample. *Developmental Psychology*, *44*, 831–839.

Rose, R. J., Kaprio, J., Winter, T., et al. (2002). Femininity and fertility in sisters with twin brothers: Prenatal androgenization? Cross-sex socialization? *Psychological Science, 13*, 263-267.

Rutter, M. (2002). Nature, nurture, and development: From evangelism through science toward policy and practice. *Child Development, 73*, 1–21.

Rutter, M. (2006). *Genes and behavior: Nature-nurture interplay explained*. New York: Wiley-Blackwell.

Rutter, M. (2011). Gene-environment interplay: Scientific issues and challenges. In K. A. Dodge, & M. Rutter (Eds.), *Gene-environment interactions in developmental psychopathology* (pp. 3–17). New York: Guilford Press.

Rutter, M., & Redshaw, J. (1991). Annotation: Growing up as a twin: Twin-singleton differences in psychological development. *Journal of Child Psychology and Psychiatry, 32*, 885–895.

Scarr, S. (1992). Developmental theories for the 1990s: Development and individual differences. *Child Development, 63*, 1–19.

Stoolmiller, M. (1999). Implications of the restricted range of family environments for estimates of heritability and nonshared environment in behavior–genetic adoption studies. *Psychological Bulletin, 125*, 392–409.

Thomas, A., & Chess, S. (1977). *Temperament and development*. New York: Brunner/Mazel.

Turkheimer, E., Haley, A., Waldron, M., D、Onofrio, B., & Gottesman, I. I. (2003). Socioeconomic status modifies heritability of IQ in young children. *Psychological Science, 14*, 623–628.

van IJzendoorn, M. H., Juffer, F., & Klein Poelhuis, C. W. (2005). Adoption and cognitive development: A meta-analytic comparison of. adopted and nonadopted children's IQ and school performance. *Psychological Bulletin, 131*, 301–316.

van Lieshout, C. F. M. (2002). Lifespan personality development: Individual differences among goal-oriented agents and developmental outcome. In Hartup, W. W., & Silbereisen, K. R. (Eds.), *Growing Points in Developmental Science* (pp. 177–202). Hove and New York: Psychology Press.

あとがき

東京大学教育学部附属中等教育学校　副校長　村石幸正

「ふたごの学校」。

こう呼ばれて六十余年。東大附属には創立以来およそ九〇〇組の双生児たちが入学してきました。

世の中の多くの方たちは、双生児（特に一卵性双生児）はよく似ている、そっくりだ、といわれますが、実は東大附属の教員はふだん、「双生児は似ている」とはあまり思っていません。一人一人が自分の生徒だからです。教員という仕事は、他の生徒との類似点を見ていても仕事にはなりません。一人一人の特徴・個性を見ていくことが必要な仕事なのですから。

ではこのような教員集団のいる東大附属は、双生児の皆さんに入学していただき、何をしているのでしょうか。

東大附属の双生児研究の話をするまえに、この東大附属に勤務していて感じる、ふたごに対する意識をご紹介しておきたいと思います。まずは、ふたごの方たちのお名前の変化から。

東大附属に入学してくる生徒たちの名前は、学校創設初期のころは、ふたごの名前らしくない（というといいすぎですが）ものでした。

「清一・良二」「雄次郎・亮三」「栄一・隆治」「浩一・俊治」「辰二・三樹男」

これらの名前は、明らかに順位づけがなされています。このような名前は、特に男子に多くみられました。おそらくイエ制度の意識があったため、男子の順位づけが強く意識されていた時代だったのではないでしょうか。

しかししばらくすると、よくみるとどちらが上位か想像できる名前である，という組みあわせが出てきました。

「良幸・延良」「昭男・和男」「健・康」

「仲子・良子」「千鶴子・万亀子」「友子・愛子」「美智子・美恵子」

また、これらの名前は、ふたごらしく見えます。

ところがさらに時代がたつと、ふたごの名前らしく対をなしていることはわかるのですが、どちらが上位かはわからない、という名前が増えてきます。

「和行・広行」「峻一郎・諒一郎」「慎太郎・彰太郎」「巧大・拓人」

「有佐・有里」「麻里子・江里佳」「杏奈・怜奈」「瞳子・洋子」「綾・結」

そして現在は、対をなしてもおらず、ふたごを連想することすらできない、という組みあわせもみられるようになっています。

「伊織・新」「洋行・光志郎」「英彦・純」「宏・大輔」

「彩乃・雪音」「美奈実・安奈」「郁生・佐絵子」「遥・明日花」

この名前の変遷のように、子どもは兄弟姉妹の中で序列化されたものであったものが、序列がないように意識された名前がつけられる、というように平等に位置づけられるようになってきたということができると思います（ただし、残念ながら日本の場合は、親がそのように考えてもまわり（世間）はそうはいきません。ふたごだとわかると、必ずといってよいほど「どっちがお兄ちゃん・お姉ちゃん？」と聞いてきますので、子どもたちは否応なく序列を意識させられてしまいますが）。

余談ですが、設立当初は、ふたごでもどちらかが兄・姉あるいは弟・妹という育てられ方をしていたことが多く、生徒自身もその自覚を強くもっていたこともあり、入学者をクラスわけするときに、ふたごの「兄・姉」をA組、「弟・妹」をB組に分け、不足したクラス定員を一般児（非双生児）の兄・姉をA組、弟・妹をB組にして補充し、C組は一人っ子と残りの一般児、としてクラスを編成し、生徒の気質による級風の違いをみようと試みた時期があったようです。

さて、ふたごに対する意識についてはこんなエピソードもありました。とある方から「今度、孫が結婚することになったが、その相手がふたごだというのです。親戚から、ふたごというのは本来一人で生まれてくるところを二人に分かれて生まれてきているので、中身が半分に薄くなってしまっているんだから考えたほうがいい、といわれて心配しています。おたくの学校はふたごさんをたくさん集めているとのことでしたので、そのあたりのことは詳しいと思い、お聞きしたいと思いまして。本当なのでしょうか」というお電話をいただいたのです。このときには、ふたごに関するエピソードをいろいろと聞いたことがある私もさすがにびっくりしましたし、そんなことはありませんよとお話をいたしました。

さらに、ふたごに対する意識とは違う部分も含まれていますが、マスコミ、特にテレビ局の「ふたごへの執心」についてです。双生児研究委員会の委員長をしていると、民放在京キー局のテレビ局すべてから毎年、といっていいほど取材や出演のオファーを受けます。その内容は大きくは二種類です。ひとつは、「テレビ画面いっぱいにふたごをずらりと並べたい」。こちらはわからなくはありません。ふたごはよく似ていて見た目にも珍しいですから、その珍しいもの（ふたご関係者の方、ごめんなさい）を画面いっぱいに並べたいという発想は、いかにも視聴率の獲得に奔走する民放テレビ局らしいものです。もうひとつが面倒です。「例えばふたごのひとりがお腹が痛くなると、遠く離れた場所にいるもうひとりもお腹が痛くなる、などというエピソードはないですか」というたぐいのものです。この二種類の内容で、手を替え品を替えての依頼がきます。

さて、東大附属の双生児研究についてです。

世界に目を向けると、非常に多くの双生児のデータを用いて、有用な、そして興味深い成果をあげている研究が多くあります。これらの研究の中には、たとえばヒトの特徴の遺伝と環境からの影響に関する研究という一般論にとどまらず、日本でいうところのセックスとジェンダーを峻別することも可能だと考えて計画されているものもあります。

それに対し、東大附属に入学して来る双生児は、毎年十数組です。この人数では、先に述べた世界の双生児研究にはとうてい太刀打ちできません。しかし、東大附属の双生児研究はそのような研究と同じ土俵には立っていません。東大附属の双生児研究の特徴は、学校の教育活動を通して行われている研究だということです。つまり、「ある目的のために計画された研究」ではなく、「ごく普通の教育活動を通した研究」なのです。研究の場は、青年前期の子どもたちにとってごく普通の日常の生活が営まれている、学校です。この学校という場で、永年この東大附属に勤務している教員集団が、入学してから卒業するまでの六年間を通して見守りつづけてきた、ふたごの生徒たちの成長を通してみえてくるもの、ことばにならない知見を、こつこつと紡いで研究という成果として世に出してきました。このような意味でも、東大附属は「世界に類を見ない」学校なのです。

しかし本書は、これまで東大附属の出してきた「ふたごの本」とはひと味違うものとなっています。それは、東京大学の研究者も交えてふたごの研究と教育に関しての成果をまとめ、東京大学出版会から出すものだからです。ここには、中等教育現場の教員の語ることばによる研究成果だけでなく、大学の研究者の視点でのふたごの研究と教育に関しての成果もまとめられています。

一九五六年に発行された東京大学教育学部の最初の紀要である第一巻は、最初の一ページから最後の一七九ページまで、すべて双生児研究についての研究報告でした。このように教育学部とともに歩んできた東大附属の双生児研究の本をお届けできることを、副校長として大変に嬉しく思っております。

最後に、東大附属の双生児研究と本書の編集は、越智豊委員長のもと双生児研究委員会が（特に本書の編集に関しては、福島昌子教諭、大井和彦教諭、江頭双美子教諭が主となって）行ってきたこと、そして本書は東京大学出版会の後藤健介氏に支えられてここまでこぎ着けることができたことを記して、結びといたします。

ふたごと教育
——双生児研究から見える個性

2013年5月25日　初　版

[検印廃止]

編　者　東京大学教育学部附属中等教育学校

発行所　一般財団法人　東京大学出版会

代表者　渡辺　浩

113-8654 東京都文京区本郷7-3-1 東大構内
http://www.utp.or.jp/
電話 03-3811-8814　Fax 03-3812-6958
振替 00160-6-59964

印刷所　大日本印刷株式会社
製本所　大日本印刷株式会社

ISBN 978-4-13-053085-9　Printed in Japan